播音与主持艺术专业"十四五"规划教材

播音与主持艺术专业训练教材

新闻播音

[第二版]

主编◎李 凌 曾 致 熊晓卫

XINWEN BOYIN

[DI-ER BAN]

中国传媒大学出版社

· 北京

图书在版编目(CIP)数据

新闻播音 / 李凌，曾致，熊晓卫主编. --2 版. --北京：中国传媒大学出版社，2023.9（2024.3 重印）
播音与主持艺术专业"十四五"规划教材　播音与主持艺术专业训练教材
ISBN 978-7-5657-3471-7

Ⅰ. ①新…　Ⅱ. ①李…　②曾…　③熊…　Ⅲ. ①新闻–播音–高等职业教育–教材　Ⅳ. ①G222.2

中国国家版本馆 CIP 数据核字（2023）第 176280 号

新闻播音(第二版)

XINWEN BOYIN(DI-ER BAN)

主　　编	李　凌　曾　致　熊晓卫
策划编辑	张　笛
责任编辑	张　笛　赵　欣
责任印制	阳金洲
封面设计	拓美设计
出版发行	中国传媒大学出版社
社　　址	北京市朝阳区定福庄东街 1 号　　邮　编　100024
电　　话	86-10-65450528　65450532　　传　真　65779405
网　　址	http://cucp.cuc.edu.cn
经　　销	全国新华书店
印　　刷	三河市东方印刷有限公司
开　　本	787mm×1092mm　1/16
印　　张	11
字　　数	250 千字
版　　次	2023 年 10 月第 2 版
印　　次	2024 年 3 月第 2 次印刷
书　　号	ISBN 978-7-5657-3471-7/G · 3471　　定　价　48.00 元

本社法律顾问：北京嘉润律师事务所　郭建平

第二版修订说明

　　"新闻播音"是播音主持专业的核心课程，是播音主持工作岗位需要的主要能力。根据广播电视与新媒体应用型人才的需求，本书主要从以下几方面进行了修订。

　　第一，从播音主持工作岗位能力要求出发，本书精简了理论叙述，把握理论够用，突出应用性与实践性原则，将模块化学习、工作任务、学习考核合理序化；设计了岗位工作任务、岗位工作考核标准及相应的实践内容，使学习与实践环环相扣，并能有效检验应用成果，比较适合1:3教学课时安排。

　　第二，按照新闻的属性与分类，本书选取近年来国内、国际要闻，兼顾民生，社会、科技、教育、军事、体育、卫生等领域，凸显了新闻要"新"的特性，按新闻播音"三大件"——消息、评论、通讯的分类选取训练例稿，拓宽了播音主持专业学习的视野与训练语境。

　　第三，强调易学易练，可"播"性强，本书删除了部分篇幅较长的例稿，替之短小精悍的例稿；安排的例稿量既适合"播"，也适合"编"，使学习者可动手动嘴相结合。

　　第四，强调新闻例稿来源的导向性、权威性，同时兼顾例稿的民族性、文化性等特点。

　　第五，强调框架内容的统一性、完整性，本书删除了上一版中的插图、看图训练等内容，以适应高校播音主持教学计划。

　　第六，作者团队以"双师型"教师为主，吸收经验丰富的从业人员参编，使教材的实践性更强。

　　第一版的教学实践与反馈证明本书对培养"以播为主，兼能采编"（或培养"采、编、播"）的播音主持人才是有效的。

　　我们希望使用本书的读者能提出宝贵意见，使之更加完善，更具系统性、科学性、有效性。

李　凌

2023年9月

第一版前言

本套教材是一套实用性很强的应用型专业教材,有《播音主持语音与发声基础》《语言表达基础》《新闻播音》《节目主持》四册,是播音与主持艺术专业核心课程教材,突出了播音员主持人核心能力及综合能力的培养,有以下几个鲜明特点:

第一,教材编写设计基于"以播音主持为主,一专多能"的目标培养定位,适合播音与主持艺术专业应用型教育教学使用。

第二,教材根据人才培养需要,在教学实践中引入播音主持工作岗位标准,建立相应的考核标准,创新实施"拟制片人制"(栏目式)教学组织模式,将"教学内容节目化、教学主体角色化、教学考核过程化、教学环境职场化",使课程教学以业务能力为导向,目标明确、具体,具有可操作性。

第三,教材充分考虑了播音与主持艺术专业课程体系与课程目标的衔接性、渐进性、配套性以及长远使用的要求,使学生可以在高仿真的专业技术岗位环境中反复打磨,为培养较强的综合业务能力打下坚实的基础。

第四,教材根据学习者专业能力及知识认知规律构建教学模块、设计训练项目,让学习者在真实的职业活动场景内做训练任务,体现了以工作过程为导向,以项目、任务为驱动的教学目的。

第五,教材在编写体例上具有鲜明特色,精心设计了"课前热身""学习目标""案例导入""理论基础""课堂训练""任务拓展""问题思考""评价方法"八个板块,既有理论支撑,又有实践训练,与市面上的同类教材相比,独树一帜。

第六,教材创新设计了"一课一考"的学习过程评价方式,考核标准涵盖工作岗位标准。包括理论测验、技能训练、作品评审、职业素质、工作纪律、团队协作等综合评价。

第七，教材创新设计了具有衔接性特点的"课前热身"板块，在课堂上为学生提供了训练思维与即兴表达能力的机会，为达到播音主持"有稿播音锦上添花，无稿主持出口成章"要求探索了一条新的学习路径。

这套教材编写定位于"实用"，难免挂一漏万，恳请读者批评指正。

主　编

2018.8.20

目　录

模块一　新闻播报

模块二　评论播音

模块三　新闻专稿播音

模块一 新闻播报

项目一 时政新闻播报

任务1 时政新闻播报的备稿

课前热身：复述例稿中的一条新闻，并简要评论。（要求新闻要素齐全，内容完整准确，观点正确，语言流畅、精练，情绪饱满，时长1分钟。）

学习目标：了解时政新闻的含义，掌握时政新闻播报的特征及备稿方法，运用时政新闻播报的备稿方法对一组时政新闻进行准备。

案例导入：李佳芮和刘雅利一起去竞聘某电视台新闻主播，考官要求应聘者做自我介绍并播报一条时政新闻。她们同时抽中了一条"两会"新闻，李佳芮播报时语言显得生疏，断句不当，语气平淡、缺乏热情；而刘雅利播报时，对内容把握准确，吐词清晰流利、情绪饱满，令评委耳目一新。最后刘雅利胜出，被聘任为该台新闻主播。

一、时政新闻的定义和范畴

时政新闻是指关于新近和正在发生的国内外时事、政治事实的报道。

时政的范畴涉及国家、政党的最新方针、政策，国内政治以及国际政治、国际关系等，它可以细分为外交、会议、会见、领导人活动、宣传、公告以及国内外其他相关新闻事件等。

新闻传播是广播电视等媒体的重要职能，时政新闻不可或缺。需要大家重点关注的时政新闻节目有：中央电视台的《新闻联播》《新闻30分》《新闻直播间》《朝闻天下》《今日环球》《晚间新闻》，中央人民广播电台的《新闻和报纸摘要》《全国新闻联播》，凤凰卫视的《凤凰早班车》《时事直通车》，东方卫视的《看东方》，等等。

二、时政新闻播报的语言特征

新闻播报语言的总体特征是：朴实无华、准确清晰、简洁明快、平稳顺畅。

时政新闻播报在具有新闻播报语言的总体特征的同时，更加注重庄重、严谨，让受众感受到新闻发布的公信力。

三、时政新闻播报备稿的要求

新闻是严谨的，新闻工作者也必须严谨，尤其是负责最后一道关口的播音员，更要严之又严。每次播音前必须备稿，只有备稿，才能做到心中有数，才能高质量地完成播音工作。所以播音员一定要勤练习，做到手勤、脑勤、眼快、心灵，提高备稿速度和准确率。

在广义上，时政新闻播报对播音员的素质要求是：关心国内外时事政治，了解党和国家的大政方针，关注国内外重大事件，有较强的分析新闻和正确把握舆论导向的能力；庄重严肃、热情大方；有严谨深厚的播报功力。

播音员在接到新闻稿件后要认真备稿，特别要注意以下两点：

第一，稿件中的人名、地名、生僻字、多音字等一定要查清楚，准确播报。有时一字之差会造成播出事故。在央视《新闻联播》节目中，如果播音员因口误造成大错，将受到严厉的惩罚。为了避免播报新闻时有不会念的生僻字，播音员几乎《新华字典》从不离身。

第二，无论稿件长短，播音员都要理清内容层次，并在头脑中清晰地概括出稿件的主题；然后对这条新闻的背景进行联想、分析，明确播报目的，并确定语言、语气的情感基调，达到良好的播报效果。

课堂训练

例稿1.1

庆祝中国共产党成立100周年"七一勋章"颁授仪式在京隆重举行
习近平向"七一勋章"获得者颁授勋章并发表重要讲话 会见全国"两优一先"表彰对象

弘扬功勋模范精神，奋进伟大复兴征程。庆祝中国共产党成立100周年"七一勋章"颁授仪式29日上午在北京人民大会堂金色大厅隆重举行。中共中央总书记、国家主席、中央军委主席习近平向"七一勋章"获得者颁授勋章并发表重要讲话。习近平强调，一百年来，一代又一代中国共产党人，为赢得民族独立和人民解放、实现国家富强和人民幸福，前仆后继、浴血奋战，艰苦奋斗、无私奉献，谱写了气吞山河的英雄壮歌。在庆祝中国共产党成立一百周年之际，我们在这里隆重举行仪式，将党内最高荣誉授予为党和人民作出杰出贡献的共产党员。

习近平指出，"七一勋章"获得者都来自人民、植根人民，是立足本职、默默奉献的平凡英雄。他们的事迹可学可做，他们的精神可追可及。他们用行动证明，只要坚定理想信念、坚定奋斗意志、坚定恒心韧劲，平常时候看得出来、关键时刻站得出来、危难关头豁得出来，每名党员都能够在民族复兴的伟业中为党和人民建功立业。

王沪宁宣读《中共中央关于授予"七一勋章"的决定》。决定指出，为了隆重表彰在中国革命、建设、改革各个历史时期，为党和人民事业一辈子孜孜以求、默默奉献，贡献突出、品德高尚的功勋模范党员，激励全党坚守初心使命、忠诚干净担当，党中央决定，授予马毛姐等 29 位同志"七一勋章"。

在雄壮的《忠诚赞歌》乐曲声中，习近平为"七一勋章"获得者颁授勋章，并同他们亲切握手、表示祝贺，全场响起一阵阵热烈的掌声。少先队员向勋章获得者献上美丽的鲜花，敬礼致意。

（2021 年 6 月 29 日中央电视台《新闻联播》）

例稿1.2

勿忘"九·一八"　各地举行纪念活动

今天（9 月 18 日）是"九·一八"事变爆发 88 周年纪念日，各地举行纪念活动，让人们牢记历史、勿忘国耻、珍爱和平。

今天，在辽宁沈阳"九·一八"历史博物馆广场，各界群众代表上千人举行了勿忘"九·一八"撞钟鸣警仪式。随后，沈阳全城拉响防空警报 3 分钟。

在哈尔滨的侵华日军第 731 部队罪证陈列馆广场前、在长春的东北沦陷史陈列馆门前，社会各界悼念革命先烈和死难同胞，激发国人爱国之志。

在侵华日军南京大屠杀遇难同胞纪念馆、在侵华日军细菌战浙江衢州展览馆、安徽淮南大通"万人坑"教育馆、河北石家庄矿区"万人坑"纪念馆，一幅幅照片、一件件文物，揭露了日本侵略者犯下的罪行，让大家重温历史、奋发图强。

（2019 年 9 月 18 日中央电视台《新闻联播》）

例稿1.3

香港举行升旗仪式庆祝回归祖国25周年

香港金紫荆广场今天（7 月 1 日）早上举行升旗仪式，庆祝回归祖国 25 周年。

全国政协副主席梁振英、香港特别行政区第六任行政长官李家超、第五任行政长官林郑月娥以及特区政府官员、中央驻港机构负责人等出席升旗仪式。

中央驻港机构和香港教育机构等今天也举行了升旗仪式。

（2022 年 7 月 1 日中央电视台《新闻联播》）

例稿1.4

中国外交部发言人强调一个中国原则不容任何挑战

中国外交部发言人表示，这已是世卫大会连续多年拒绝所谓"涉台提案"。这充分说明，一个中国原则是国际社会人心所向、大势所趋，不容任何挑战。发言人指出，台民进党当局罔顾各方意愿和台湾同胞民生福祉，执意唆使其所谓"邦交国"搞涉台提案，个别国家明里暗里支持怂恿，推波助澜。这些逆历史潮流而动、故意破坏国际规则的恶劣行径，受到世界上主持正义国家的一致反对。中方也敦促个别国家，不要揣着明白装糊涂，停止将卫生问题政治化，停止借台湾问题干涉中国内政，停止"以台制华"的错误做法。

（2023 年 5 月 22 日中央电视台《新闻联播》）

例稿1.5

2021年起 每年1月10日设立为"中国人民警察节"

近日，经党中央批准、国务院批复，自 2021 年起，每年 1 月 10 日设立为"中国人民警察节"。人民警察队伍是和平年代牺牲最多、奉献最大的队伍，"中国人民警察节"的设立，对于推动人民警察队伍革命化、正规化、专业化、职业化建设，激励全警以强烈的担当精神履行好党和人民赋予的新时代使命任务具有重大意义。

据了解，1986 年 1 月 10 日，我国第一个 110 报警服务台建立，经过三十多年的实践与探索，110 已经成为人民警察队伍的标志性品牌，被誉为"人民的保护神"。将 1 月 10 日这一日期确立为"中国人民警察节"，体现了鲜明的政治性、广泛的人民性和警察职业的标志性。

（2020 年 7 月 21 日中央电视台《新闻联播》）

任务拓展

1.根据以下新闻标题，编排内容提要，填写节目播出单。

谱写和平发展新篇章——习近平主席提出构建人类命运共同体理念十周年

赵乐际在广东调研

王沪宁出席长江生态环境保护民主监督工作座谈会

李强主持召开国务院常务会议

精神文明建设"五个一工程"工作座谈会在京举行

国内联播快讯

各地抓好春耕春管 打好粮食丰收基 础

国际联播快讯

（提示：中国共产党第二十届中央政治局常委排序为习近平、李强、赵乐际、王沪宁、蔡奇、丁薛祥、李希）

2.下载中央电视台《新闻联播》或东方卫视等媒体的新闻节目中的时政新闻视频，为每条新闻配音，不少于5条，制作一期完整的时政新闻节目。

问题思考

1.在广播电视新闻节目中，哪些属于时政新闻？

2.怎样进行时政新闻播报的备稿？

评价方法

考核表

考核模块	考核内容	考核方式	考核点	分值
（一）知识与技能目标	1.对所学时政新闻播报的备稿理论知识进行回顾、总结。	理论测验	1.准确说出时政新闻播报的语言特点、备稿方法。	10
	2.对例稿进行现场播报。	技能训练	2.掌握时政新闻播报的语言特点； 3.写出备稿分析笔记，基调正确，体现传播目的； 4.播报叙事清楚、重点突出、新鲜感强； 5.播报热情、亲切、严谨、有交流感。	20
	3.为一组时政新闻片配音。	作品评审	6.运用时政新闻播报的特点进行播音； 7.音视频清晰，不少于3条新闻； 8.播报热情、流畅； 9.播报基调把握准确，叙事清楚，层次清晰，重点突出； 10.语音规范，播报节奏与新闻视频协调。	50

续表

考核模块	考核内容	考核方式	考核点	分值
（二）过程与方法目标	4.合作完成节目成品的过程表现。	综合评价	1. 获取、搜集、整理信息，甄选有价值的信息； 2. 制订、实施工作计划； 3. 分析、发现、解决问题； 4. 具有运用理论知识的能力； 5. 及时完成工作任务。	10
（三）情感、态度、价值观目标	5.出勤纪律、工作态度（违反第一条，10分全无）。		1. 遵守工作纪律，自我约束力强，不迟到、早退、旷课； 2. 有职业道德和社会责任感； 3. 有较强的新闻敏感性，有一定的新闻工作者的人文关怀意识； 4. 语言沟通能力、组织协调能力强，与团队成员团结协作，共同完成工作任务； 5. 实事求是地完成工作评价，给出合理分值。	10
评分标准：优 90—100 分，良 80—89 分，及格 60—79 分 总分 = 自我评分（20%）+ 小组评分（30%）+ 教师评分（50%）				
改进建议				

任务2　时政新闻播报的语言样式

课前热身：复述例稿中的一条新闻，并简要评论。（要求新闻要素齐全，内容完整准确，观点正确，语言流畅、精练，情绪饱满，时长1分钟。）

学习目标：掌握新闻播音的语言样式：宣读式、播报式、谈话式。能够运用宣读式、播报式、谈话式对不同的时政新闻稿件进行播音。

案例导入：颜琳和谭骏同时到某电视台的新闻节目组实习，几次试镜后，谭骏被正式聘用，而颜琳一直没能上节目，最后离开了。颜琳说，谭骏什么样的新闻都能播，无论是公告、通知，还是名单、简历等，而自己播什么都是一种方式、一个腔调，后悔没有用功练习。那么，公告、通知、名单、简历应该怎么播？时政新闻的播报有哪些语言样式呢？

新闻播音的基本语言样式有宣读式、播报式和谈话式三种。宣读式播音也适用于大型会议、集会，宣传车的通告、法律法规条文宣读等。

一、宣读式

宣读式在播音时能体现出郑重宣告的效果,常用于政令、公告、通告、讣告、命令、通缉令、通知、名单、简历、法律法规条文、电文等。鉴于其严肃性,播出时不能随意改动,需一字不差地原文播出。

使用宣读式播音时,播音员代表政府和媒体发声,既要体现发布新闻的新鲜感,又要体现发布重要新闻的严肃、庄重性。要求语言规整度高、口腔控制力度大、气息控制稳、语速相对平缓。宣读式对气、声、字、句的要求很高,是播音员掌握语言基本功的必修课。

宣读式播音要求播音员对宣读内容的理解力强,语言表达准确、清楚。

另外,根据宣读内容的不同,如贺电、讣告、命令和简历等,播音员的感情和语气也要有所不同,需要正确把握和体现。特别是讣告的播音,要求声音低沉、语速较慢,播音员要沉浸在深深的悲痛之中。

二、播报式

播报式是新闻播音的常用样式。"规整自如"是这种样式的基本特色,要求热情、准确、简洁、流畅自如。

三、谈话式

谈话式又称说新闻,"轻松自如"是这种样式的基本特色。它在保持新闻语言准确、简洁的前提下,尽可能多地保留说话般的轻松自然。谈话式经常用于记者、主持人的现场采访报道、新闻节目主持人的串联语、社会民生新闻或新闻综述之中。

课堂训练

1.宣读式训练材料

例稿1.6

十四届全国人大一次会议选举产生新一届国家领导人
习近平全票当选国家主席中央军委主席 赵乐际当选全国人大常委会委员长

十四届全国人大一次会议 10 日上午选举习近平为中华人民共和国主席、中华人民共和国中央军事委员会主席。

当这一选举结果宣布时,全场爆发出长时间热烈的掌声。

会议同时选举赵乐际为第十四届全国人民代表大会常务委员会委员长,选举韩正为中华人民共和国副主席。

上午9时，十四届全国人大一次会议第三次全体会议在人民大会堂举行。

习近平、李强、赵乐际、王沪宁、韩正、蔡奇、丁薛祥、李希等出席会议。

会议应出席代表2977人，出席2952人，缺席25人，出席人数符合法定人数。

会议首先表决通过了十四届全国人大一次会议关于国务院机构改革方案的决定，批准了这个方案。大会要求，国务院要坚持党中央集中统一领导，周密部署，精心组织，确保完成国务院机构改革任务。

会议表决通过了十四届全国人大一次会议选举和决定任命的办法。

代表们投票结束后，总监票人报告了发出和收回选票的情况，选举有效。

计票结果显示，在国家主席、中央军委主席选举中，习近平均获得全部2952张赞成票。全场起立，报以热烈掌声。

主持人宣布：

习近平同志当选为中华人民共和国主席。

习近平向代表们鞠躬致意，全体代表用长时间热烈的掌声向习近平表达敬意。站在身旁的栗战书、李强分别同习近平握手，向他表示祝贺。

当主持人宣布习近平同志当选为中华人民共和国中央军事委员会主席时，会场上再次响起热烈的掌声，习近平又一次向代表们鞠躬致意。

随后，主持人依次宣布：

赵乐际同志当选为第十四届全国人民代表大会常务委员会委员长。

韩正同志当选为中华人民共和国副主席。

李鸿忠、王东明、肖捷、郑建邦、丁仲礼、郝明金、蔡达峰、何维、武维华、铁凝、彭清华、张庆伟、洛桑江村、雪克来提·扎克尔同志当选为第十四届全国人民代表大会常务委员会副委员长。

刘奇同志当选为第十四届全国人民代表大会常务委员会秘书长。

根据十四届全国人大一次会议主席团关于宪法宣誓的组织办法，全体会议各项议程进行完毕后，举行中华人民共和国第十四届全国人民代表大会第一次会议宪法宣誓仪式。

伴随着主持人出场号角，新当选的国家主席、中央军委主席习近平从主席台座席起身，健步走到宣誓台前站立。

主席台后幕正中，国徽高悬，熠熠生辉。现场近3000名全国人大代表共同见证这一神圣时刻。

习近平左手抚按宪法，右手举拳，庄严宣誓。

"我宣誓：忠于中华人民共和国宪法，维护宪法权威，履行法定职责，忠于祖国、忠于人民，恪尽职守、廉洁奉公，接受人民监督，为建设富强民主文明和谐美丽的社会主义现代化强国努力奋斗！"

铿锵有力的宣誓声响彻人民大会堂。

宣誓结束后，习近平向全场鞠躬致意。现场爆发出长时间的热烈掌声。

随后，新当选的全国人大常委会委员长赵乐际、新当选的国家副主席韩正分别进行宪法宣誓，新当选的全国人大常委会副委员长、秘书长进行了集体宣誓。

（2023 年 3 月 10 日中央电视台《新闻联播》）

2.播报式训练材料

例稿1.7

培养节约习惯 杜绝餐饮浪费

厉行节约、反对浪费。要真正做到拒绝"舌尖上的浪费"还需要全民参与，不断增强节约意识。

记者在哈尔滨的一家烤肉店看到，客人走后烤炉旁还剩下两盘满满的食物。在另一家烧烤店，客人同样留下不少的肉串。这些年，黑龙江一直倡导餐饮企业在菜单上主动标示菜肴分量，提供环保餐盒、餐袋等服务。但是，"舌尖上的浪费"还是时有发生。

自助餐是餐饮浪费的又一"重灾区"。在浙江杭州，一些饭店从自身管理着手，从餐品准备环节开始就精打细算，杜绝无谓浪费。

制止餐饮浪费行为需要培养良好的节约习惯。在江西宜春宜阳新区管委会食堂，厨房根据实际用餐人数分批次提供小份的菜量，就餐人员根据自己的食量选取适量的食物，做到不剩余不浪费。

在广西崇左，当地机关食堂采取"餐厅不多点、食堂不多打、厨房不多做"的办法，有效减少了浪费现象。

（2020 年 8 月 13 日中央电视台《新闻联播》）

3.谈话式训练材料

例稿1.8

200多公里却走了半个月的"神龙摆尾"，神奇在哪？

《主播说联播》，今天我来说。一个长达 75 米、重达 19 吨的"大块头"，我们的"御风者"走悬崖、过险弯、越盘山，将其运到建电厂。千里追"风"，为了什么？

先来看一段视频，是不是有一种"神龙摆尾"的既视感？也许有人会问：这是什么神器？告诉你们，这是风机叶片，长达 75 米、重达 19 吨，真是一个大块头。

当时,建设者正全力以赴把它运到一个遥远的在建电场。走悬崖、过险弯、越盘山,这一路可不容易。全程200多公里,这一趟走了半个月,辛苦可想而知。看得见的是神奇,感受到的是毅力。在这里,向所有的奋斗者奉上敬意。

有网友感慨,"所有的建设都是迎难而上的成功"。这话用来形容我们的基建项目,再准确不过。比如,迎难而上,发展风电,为的是什么?为的是发电,发展清洁能源。无论"张家口的风,吹亮冬奥的灯",还是"风从海上来,电送千万家",我们的建设者变身"御风者",化风为宝;我国的风电产业站在风口,乘风而上。

记得习近平主席说过,中国将持续推进产业结构和能源结构调整,在沙漠、戈壁、荒漠地区加快规划建设大型风电光伏基地项目。据统计,2022年,全国水电、风电、光伏发电等可再生能源年新增装机1.52亿千瓦,再创历史新高。这正是:千里追"风",点亮万家灯火,也照亮绿色低碳发展之路。

（2023年3月6日《央视新闻·主播说联播》）

任务拓展

1.选择课堂训练例稿,运用宣读式播音录制公告、贺电、通知等稿件各一条。

2.自主编选一组时政新闻稿件,制作一档电台新闻播音节目。要求播报样式恰当、基调准确、状态积极,语言准确、清晰、流畅,时长5分钟。

问题思考

1.宣读式、播报式、谈话式分别适用于什么样的稿件?

2.宣读式、播报式、谈话式播音的目的和效果有何不同?

评价方法

考核表

考核模块	考核内容	考核方式	考核点	分值
（一）知识与技能目标	1.对所学时政新闻播报语言样式理论知识进行回顾、总结。	理论测验	1.准确说出时政新闻播报的常用语言样式及播报要求。	10
	2.对例稿进行模拟播报。	技能训练	2.掌握宣读式播报的语言特点; 3.播报状态积极,基调正确; 4.叙事清楚、重点突出、新鲜感强; 5.语音规范,播报流畅。	20
	3.以小组为单位,自选稿件制作一期时政新闻播音节目,时长5分钟。	作品评审	6.策划、文稿、节目播出单齐全; 7.节目导向正确,主题突出; 8.针对不同稿件,播报样式运用得当; 9.主持状态积极、语音规范、播报清晰流畅; 10.节目完整、音乐协调。	50

续表

考核模块	考核内容	考核方式	考核点	分值
（二）过程与方法目标	4.合作完成节目成品的过程表现。	综合评价	1. 获取、搜集、整理信息, 甄选有价值的信息; 2. 制订、实施工作计划; 3. 分析、发现、解决问题; 4. 具有运用理论知识的能力; 5. 及时完成工作任务。	10
（三）情感、态度、价值观目标	5.出勤纪律、工作态度（违反第一条, 10分全无）。		1. 遵守工作纪律, 自我约束力强, 不迟到、早退、旷课; 2. 有职业道德和社会责任感; 3. 有较强的新闻敏感性, 有一定的新闻工作者的人文关怀意识; 4. 语言沟通能力、组织协调能力强, 与团队成员团结协作, 共同完成工作任务; 5. 实事求是地完成工作评价, 给出合理分值。	10
评分标准: 优 90—100 分, 良 80—89 分, 及格 60—79 分 总分 = 自我评分（20%）+ 小组评分（30%）+ 教师评分（50%）				
改进建议				

任务 3 时政新闻播报的态度分寸

课前热身: 复述例稿中的一条新闻, 并简要评论。（要求新闻要素齐全, 内容完整准确, 观点正确, 语言流畅、精练, 情绪饱满, 时长1分钟。）

学习目标: 了解时政新闻的含义, 掌握时政新闻播报的特征及备稿方法, 运用正确的备稿方法对一组时政新闻进行准备。

案例导入: 同学们第一次进行新闻播报上镜实训, 对节目内容、上镜的服装、妆容都做了精心准备, 跃跃欲试。刘琦同学第一个走到主播台, 可几条新闻播下来, 语气、语调完全一样, 单调死板, 面无表情。究其原因, 一是紧张, 二是她认为播新闻不需要感情。你同意她的观点吗?

一、播音员主持人对受众的态度情感

播音员主持人对受众要热情、尊重, 情绪饱满; 要睿智、高雅、明辨是非; 要培养自己的个性风格、个人魅力。

二、新闻播报的舆论导向与播音员主持人态度情感的关系

新闻节目中没有无目的的话语，有目的便会有思想、态度、感情。新闻播报的导向即播音员主持人在新闻播报中表达出的思想、态度、感情。

三、新闻报道的客观性

真实是新闻的生命。我们首先必须尊重新闻事实、用事实说话，报道真人、真事，这是赢得受众信任的基石。

张颂教授在《朗读美学》一书中说："报道，就是把已见的事实经过选择、加工形成文本传播出去。在这个过程中，不可避免地融入了报道者的主观意识、思想倾向、审美理想。事实本身没有改变，事实的意义却产生了明显的差别，有时，对同一事实会有两种截然相反的态度。关键是用怎样的世界观和方法论来面对事实、认识事实、揭示事实、报道事实。新闻报道是各种媒介的权利，每一种媒介必定有每一种媒介的价值观体系，必然会有意无意地、自觉不自觉地把这种价值观体系作为新闻报道的指导思想。"

四、播报新闻时的情感态度

播音员主持人只有真正理解新闻内容，熟悉新闻背景，明确播出目的，才能播得态度鲜明，分寸得当；才能让节目具有感染力，真正发挥鼓舞受众、引导受众的作用。播音员主持人应该是成熟的、充满智慧的，懂得新闻的内涵，给人信赖感，特别是在重大事件和敏感话题的新闻播报上更要分寸得当。

一名优秀的播音员主持人，应该具有审美情趣、价值判断力：要热情赞扬国家和社会发展取得的新成就、新变化，弘扬良好的社会风尚，贬斥假丑恶；在自然灾害面前，要富有同情心、正义感；在播报地区和国际新闻事件时，能够根据我国的法律、政策，很好地体现新闻播音客观、公正的态度和立场。

课堂训练

例稿1.9

西藏庆祝百万农奴解放64周年

今天（3月28日）是西藏百万农奴解放64周年纪念日。西藏各地举行丰富多彩的庆祝活动，礼赞新时代，祝福新生活。

今天上午，西藏布达拉宫广场举行"升国旗、唱国歌"仪式，2000名各族各界代表参加。拉萨宗角禄康公园举办了"党的光辉照我心"文艺汇演，《欢乐藏戏之乡》《幸福拉萨》等精彩表演受到观众的喜爱。在日喀则民族团结广场，人们

身着节日盛装载歌载舞，展示国家级非物质文化遗产的魅力。

今天，西藏各地还举办了座谈会、宣讲、展览等活动，隆重纪念西藏百万农奴解放64周年。在山南克松社区，西藏民主改革第一村陈列馆改陈项目完成，对公众开放。通过实物、场景、雕塑、多媒体等形式，全面展示各族群众奋进新征程、建功新时代的精神风貌。

党的十八大以来，西藏教育、医疗、住房、社会保障等民生投入不断加大，城乡面貌焕然一新，越来越多的群众吃上了"生态饭""旅游饭"，与全国一道全面建成小康社会。2022年，西藏城乡居民人均可支配收入分别增长4.8%、7.5%。

今年，西藏着力推进高原经济高质量发展，实施重大生态工程、兴边富民行动，聚焦青稞、牦牛、藏药材等特色资源，开展一批智慧农牧业试点，全面推进乡村振兴。

（2023年3月28日中央电视台《新闻联播》）

训练提示：西藏解放前，农奴的命运是十分悲惨的，新中国的成立让百万农奴翻身做了主人。只有了解这段历史，才能从内心产生更加真挚的民族情感，真诚地抒发对西藏发展的美好祝愿，这就是播报这条新闻时对播音员的情感要求。

播音时要充分体现西藏解放后发生的巨大变化、党和政府对西藏发展的高度重视、各族人民对西藏同胞的美好祝愿。

例稿1.10

吃元宵，看花灯，还有一个保留项目

《主播说联播》，今天我来说。俗话说："不过十五都是年。"元宵节即将到来，这是癸卯兔年的第一个月圆之夜，你打算怎么度过？对于很多人来说，除了吃元宵、赏圆月、看花灯，还有一个保留项目，这就是欣赏元宵晚会。今天，总台《2023年元宵晚会》举行了发布会，传来的一个消息是，这台晚会新意升级。比如，通过AR虚拟特效等新技术应用，来提升节目音视频沉浸式效果。

当然，创新不只体现在技术层面，更体现在内容上。全新演绎的《新花好月圆夜》，将河北竹板书和苏州评弹两种曲艺形式进行融合创作，表达出圆满和美的寓意；由众多演奏家创新打造的新国乐曲目《百凤朝阳》，演奏出中华民族昂扬向上的精气神。此外，北京灯彩、秦淮灯彩等入选国家级非物质文化遗产名录的中国传统民俗工艺也将亮相，与东西南北中多地灯会的实景拍摄相呼应。艺术与技术融为一体，传统文化与现代元素交相辉映，除了带来新颖观感，还带来充满文化底蕴的审美体验。

花灯耀四海，欢乐闹元宵。一个个展现创新气质的节目，烘托出"欢乐吉祥、喜气洋洋"的氛围；一个个寄寓喜庆和力量的艺术创作，彰显了开心信心、奋进拼搏的主旨。正月十五，总台《2023年元宵晚会》与您相约上元佳节，共赏万家灯火，咱们不见不散！

（2023年2月3日《央视新闻·主播说联播》）

训练提示：节日是欢乐的，这条新闻也为欢乐的节日增添了浓浓的喜庆。播音员要想象自己身处欢乐、祥和的元宵晚会，用欢快喜悦、热情洋溢的声音把节日喜庆的气氛、各地不同的节庆民俗传达出来。

例稿1.11

第七批在韩志愿军烈士遗骸回国

今天（9月27日），第七批117位在韩志愿军烈士遗骸回国，祖国用最高的礼遇迎接英雄回家。

机场用航空界的最高级别礼仪"过水门"迎接祖国的英雄儿女回家，两架中国空军歼11-B战机低空拉烟通场，向英雄致敬。此次从韩国迎回的共有117位志愿军烈士的遗骸和1368件相关遗物。

礼兵战士依次列队将117位志愿军烈士的遗骸棺椁从机舱内护送下机。志愿军老战士、志愿军烈士亲属以及各界代表800多人举行了庄严肃穆的迎接仪式。

现场全体人员向烈士三鞠躬。伴随着低回的小号吹奏《思念曲》，礼兵护送覆盖着五星红旗的棺椁登上军用卡车，驶向沈阳抗美援朝烈士陵园。

在机场到烈士陵园30多公里的沿途，许多沈阳市民走上街头，目送车队经过城区，表达对英雄的敬意。

明天上午，安葬仪式将在沈阳抗美援朝烈士陵园志愿军烈士纪念广场举行。

（2020年9月27日中央电视台《新闻联播》）

训练提示：播送这则新闻的基调应该是沉重、关切的。

任务拓展

1.选择训练例稿并播音，编辑、制作一档完整的时政新闻节目，时长5分钟。

2.自选题材，采访、写稿、编辑、播音，制作一期完整的时政新闻节目，时长5分钟。

问题思考

1.时政新闻播报千篇一律,不需要感情吗?

2.你认为新闻播报的舆论导向是怎样通过播音员主持人的态度、感情体现的呢?

评价方法

考核表

考核模块	考核内容	考核方式	考核点	分值
(一)知识与技能目标	1. 对所学时政新闻播报的态度分寸理论知识进行回顾、总结。	理论测验	1. 准确把握时政新闻播报的态度分寸。	10
	2. 对例稿进行模拟播报。	技能训练	2. 掌握时政新闻播报的态度分寸要求; 3. 播报状态积极,字正腔圆,有感染力; 4. 感情态度鲜明,分寸把握得当; 5. 叙事清楚,新鲜感强。	20
	3. 以小组为单位,策划一期时政新闻节目,时长5分钟。	作品评审	6. 策划、文稿、节目播出单齐全; 7. 播报状态积极,基调正确; 8. 播报不同稿件时,态度分寸把握得当; 9. 语音规范、播报清晰流畅; 10.节目编排合理、制作精良。	50
(二)过程与方法目标	4.合作完成节目成品的过程表现。	综合评价	1. 获取、搜集、整理信息,甄选有价值的信息; 2. 制订、实施工作计划; 3. 分析、发现、解决问题; 4. 具有运用理论知识的能力; 5. 及时完成工作任务。	10
(三)情感、态度、价值观目标	5. 出勤纪律、工作态度(违反第一条,10分全无)。		1. 遵守工作纪律,自我约束力强,不迟到、早退、旷课; 2. 有职业道德和社会责任感; 3. 有较强的新闻敏感性,有一定的新闻工作者的人文关怀意识; 4. 语言沟通能力、组织协调能力强,与团队成员团结协作,共同完成工作任务; 5. 实事求是地完成工作评价,给出合理分值。	10
评分标准: 优 90—100 分, 良 80—89 分, 及格 60—79 分 总分 = 自我评分(20%)+ 小组评分(30%)+ 教师评分(50%)				
改进建议				

任务4 时政新闻播报综合训练

学习目标：强化对宣读式、播报式、谈话式播音的驾驭能力，强化对时政新闻播报的态度分寸的把握能力，运用所学知识完成例稿播报训练、上镜播报训练，自主策划、采访、编辑、播音，制作时政新闻节目。

训练例稿

例稿1.12

第七届全国道德模范颁奖仪式在京举行

中央文明委5日晚在北京举行"德耀中华——第七届全国道德模范颁奖仪式"，隆重表彰第七届全国道德模范。

颁奖仪式分为"见义勇为""诚实守信""助人为乐""孝老爱亲""敬业奉献"5个篇章。颁奖仪式充分体现庄重感、荣誉感、仪式感，生动展示道德模范的感人事迹，深刻阐发道德模范的崇高精神，大力弘扬崇尚模范、学习先进的鲜明价值追求。

全国道德模范每两年评选表彰一届。截至目前，共评出408位全国道德模范和1740位提名奖获得者。

（2019年9月6日中央电视台《新闻联播》）

例稿1.13

回家，真好!

《主播说联播》，今天我来说。今天有条《宝贝回家》的新闻让大家很兴奋，流失日本多年的"曾伯克父青铜组器"被成功追索回来了。"曾伯克父"，读起来有点拗口，简单来说，这组青铜器的主人是周代曾国的贵族克父。

近年来，越来越多流失在海外的文物陆续回家。今年3月，习近平主席访问意大利时，就见证了796件套文物走上回国之路。对于流失海外的文物，我们要说一句："宝贝，欢迎回家。"

今天联播还有条新闻说，两位香港妇女界的代表何超琼和伍淑清将在联合国人权理事会发声，告诉全世界真实的香港。她们在记者会上说，香港的事，就是中国的家事。为了香港，有些事现在必须做。说得真好！

我觉得，现在应该做的事当中有一件事其实也是回家，让那些误入歧途的港人从精神上回家，回到中国这个家，这是我们的国家，我们的共同家园。回家，真好！只有中国好，大家才会真的好！

（2023 年 4 月 27 日《央视新闻·主播说联播》）

例稿1.14

"最美奋斗者"表彰大会在京举行

"最美奋斗者"表彰大会 25 日上午在京举行。中共中央政治局常委、中央书记处书记王沪宁会见了受表彰人员和亲属代表。

中共中央政治局委员、中宣部部长黄坤明参加会见并在表彰大会上宣读了习近平重要指示。随后，他在讲话中表示，要认真学习贯彻习近平总书记重要指示精神，精心组织"最美奋斗者"学习宣传，铭记由无数奋斗者写就的新中国 70 年光辉历史，弘扬爱国奋斗奉献的崇高精神，凝聚起走好新时代长征路的磅礴力量。

表彰大会上宣读了表彰决定，张富清等 278 名个人、西安交通大学"西迁人"爱国奋斗先进群体等 22 个集体被授予"最美奋斗者"称号。中国空间技术研究院技术顾问、研究员叶培建，山东省青岛前湾集装箱码头有限责任公司工程技术部固机高级经理许振超，贵州省盘州市淤泥乡岩博联村党委书记余留芬，中国邮政集团公司四川省甘孜县分公司驾押组组长其美多吉，空军航空兵某部部队长蒋佳冀，陆军第 79 集团军雷锋班第 26 任班长、雷锋生前所在部队代表张阳，兰考县焦裕禄同志纪念馆名誉馆长、焦裕禄同志女儿焦守云，国家铁路集团公司北京局丰台机务段"毛泽东号"机车组司机长、"毛泽东号"机车组代表刘钰峰等受表彰人员和亲属代表作大会发言。

中共中央政治局委员、国务院副总理孙春兰，中共中央政治局委员、中组部部长陈希，以及中央军委委员苗华参加会见。

"最美奋斗者"受表彰人员和已故"最美奋斗者"受表彰人员亲属代表，中央宣传思想工作领导小组成员单位主要负责同志，有关部门负责同志，各省区市党委常委、宣传部长，首都各界干部群众代表等参加会议。

（2019 年 9 月 25 日中央电视台《新闻联播》）

例稿1.15

土耳其和叙利亚超3.9万人在地震中遇难

据土耳其和叙利亚的政府及救灾机构公布的数据，6日发生在土耳其南部的强震已造成两国超过2.4万人遇难。

在土耳其，搜救工作仍在加紧进行。哈塔伊省省会安塔基亚是深受欢迎的旅游城市，而强震令那里满目疮痍。

在哈塔伊省伊斯肯德伦，当地政府仍在解决海水倒灌引发的积水问题。

土耳其总统埃尔多安10日表示，政府正拟订灾区综合发展规划，最快将在一年内重建灾区。

联合国难民署10日预计，受地震影响，叙利亚境内流离失所的人数将达到530万。

叙利亚总统巴沙尔·阿萨德10日在阿勒颇地震灾区现场表示，无论过去和现在，西方都无视叙利亚遭遇的人道主义危机，将震后救援政治化。

（2023年2月11日中央电视台《新闻联播》）

例稿1.16

【奋斗百年路 启航新征程】中共一大 百年征程从这里启航

胸怀千秋伟业，恰是百年风华。今年是中国共产党百年华诞，百年征程波澜壮阔，百年初心历久弥坚。

回望百年风云，我们党在内忧外患中诞生、在磨难挫折中成长、在攻坚克难中壮大，带领全国人民不断从胜利走向胜利。

从今天（1月19日）起，《新闻联播》推出《奋斗百年路 启航新征程》大型系列报道，深入反映中国共产党的百年历程和伟大业绩。全面展现百年大党的梦想与追求、情怀与担当，生动呈现我们党始终同人民想在一起、干在一起，永远与人民同呼吸、共命运、心连心，凝聚奋进新时代的磅礴力量，激励全党全军全国各族人民更加紧密地团结在以习近平同志为核心的党中央周围，为全面建设社会主义现代化国家而不懈奋斗。

今天播出第一集《中共一大 百年征程从这里启航》。

（2021年1月19日中央电视台《新闻联播》）

例稿1.17

庆祝中国共产党成立100周年大会在天安门广场隆重举行 习近平发表重要讲话

百年征程波澜壮阔，百年初心历久弥坚。7月1日上午，庆祝中国共产党成立100周年大会在北京天安门广场隆重举行，各界代表7万余人以盛大仪式欢庆中国共产党百年华诞。中共中央总书记、国家主席、中央军委主席习近平发表重要讲话。他强调，过去一百年，中国共产党向人民、向历史交出了一份优异的答卷。现在，中国共产党团结带领中国人民又踏上了实现第二个百年奋斗目标新的赶考之路。中国共产党立志于中华民族千秋伟业，百年恰是风华正茂。回首过去，展望未来，有中国共产党的坚强领导，有全国各族人民的紧密团结，全面建成社会主义现代化强国的目标一定能够实现，中华民族伟大复兴的中国梦一定能够实现。

习近平代表党和人民庄严宣告，经过全党全国各族人民持续奋斗，我们实现了第一个百年奋斗目标，在中华大地上全面建成了小康社会，历史性地解决了绝对贫困问题，正在意气风发向着全面建成社会主义现代化强国的第二个百年奋斗目标迈进。这是中华民族的伟大光荣，这是中国人民的伟大光荣，这是中国共产党的伟大光荣。

中共中央政治局常委李克强主持庆祝大会。中共中央政治局常委栗战书、汪洋、王沪宁、赵乐际、韩正，国家副主席王岐山出席。

天安门广场上的大型电子屏幕中出现了钟摆的画面。1921、1931、1941……2021，随着钟摆，年份数字依次显现。8时整，象征着巨轮启航的汽笛声响起，庆祝大会开始。

全体肃立，100响礼炮响彻云霄，国旗护卫队官兵护卫着五星红旗，迈着铿锵有力的步伐，从人民英雄纪念碑行进至广场北侧升旗区。中国人民解放军联合军乐团奏响雄壮的《义勇军进行曲》，全场齐声高唱中华人民共和国国歌，鲜艳夺目的五星红旗冉冉升起，在天安门广场上空迎风飘扬。

各民主党派、工商联和无党派人士联合致贺词，民革中央主席万鄂湘宣读贺词，向中国革命、建设、改革事业的坚强领导核心——伟大的中国共产党，致以最崇高敬意和最诚挚祝贺，表示将更加紧密地团结在以习近平同志为核心的中共中央周围，为夺取全面建设社会主义现代化国家新胜利、实现中华民族伟大复兴的中国梦作出新的更大贡献。

共青团员和少先队员代表集体致献词，向党致以青春的礼赞，抒发"请党放心、强国有我"的铮铮誓言。

在热烈的掌声中，习近平发表重要讲话。他表示，今天，在中国共产党历史上，在中华民族历史上，都是一个十分重大而庄严的日子。我们在这里隆重集会，同全党全国各族人民一道，庆祝中国共产党成立一百周年，回顾中国共产党百年奋斗的光辉历程，展望中华民族伟大复兴的光明前景。习近平代表党中央，向全体中国共产党员致以节日的热烈祝贺。

习近平指出，中国产生了共产党，这是开天辟地的大事变，深刻改变了近代以后中华民族发展的方向和进程，深刻改变了中国人民和中华民族的前途和命运，深刻改变了世界发展的趋势和格局。中国共产党一经诞生，就把为中国人民谋幸福、为中华民族谋复兴确立为自己的初心使命。一百年来，中国共产党团结带领中国人民进行的一切奋斗、一切牺牲、一切创造，归结起来就是一个主题：实现中华民族伟大复兴。

习近平强调，为了实现中华民族伟大复兴，中国共产党团结带领中国人民，浴血奋战、百折不挠，创造了新民主主义革命的伟大成就；自力更生、发愤图强，创造了社会主义革命和建设的伟大成就；解放思想、锐意进取，创造了改革开放和社会主义现代化建设的伟大成就；自信自强、守正创新，统揽伟大斗争、伟大工程、伟大事业、伟大梦想，创造了新时代中国特色社会主义的伟大成就。中国共产党和中国人民以英勇顽强的奋斗向世界庄严宣告，中华民族迎来了从站起来、富起来到强起来的伟大飞跃，实现中华民族伟大复兴进入了不可逆转的历史进程。

习近平指出，一百年来，中国共产党团结带领中国人民，以"为有牺牲多壮志，敢教日月换新天"的大无畏气概，书写了中华民族几千年历史上最恢宏的史诗。这一百年来开辟的伟大道路、创造的伟大事业、取得的伟大成就，必将载入中华民族发展史册、人类文明发展史册。

习近平表示，一百年来，我们取得的一切成就，是中国共产党人、中国人民、中华民族团结奋斗的结果。以毛泽东同志、邓小平同志、江泽民同志、胡锦涛同志为主要代表的中国共产党人，为中华民族伟大复兴建立了彪炳史册的伟大功勋，我们向他们表示崇高的敬意。

习近平强调，我们要全面准确贯彻"一国两制"、"港人治港"、"澳人治澳"、高度自治的方针，落实中央对香港、澳门特别行政区全面管治权，保持香港、澳门长期繁荣稳定。要坚持一个中国原则和"九二共识"，推进祖国和平统一进程。包括两岸同胞在内的所有中华儿女，要和衷共济、团结向前，坚决粉碎任何"台独"图谋，共创民族复兴美好未来。任何人都不要低估中国人民捍卫国家主权和领土完整的坚强决心、坚定意志、强大能力。

习近平指出，未来属于青年，希望寄予青年。新时代的中国青年要以实现中华民族伟大复兴为己任，增强做中国人的志气、骨气、底气，不负时代，不负韶华，不负党和人民的殷切期望。

习近平强调，过去一百年，中国共产党向人民、向历史交出了一份优异的答卷。现在，中国共产党团结带领中国人民又踏上了实现第二个百年奋斗目标新的赶考之路。习近平代表党中央号召全体中国共产党员，牢记初心使命，坚定理想信念，践行党的宗旨，永远保持同人民群众的血肉联系，始终同人民想在一起、干在一起，风雨同舟、同甘共苦，继续为实现人民对美好生活的向往不懈努力，努力为党和人民争取更大光荣。

习近平讲话结束时，全场起立，现场响起长时间热烈掌声。

大会在雄壮的国际歌声中结束。

（2021 年 7 月 1 日中央电视台《新闻联播》）

例稿1.18

推进疫苗国际合作　中国方案展现大国担当

在近日举行的新冠疫苗合作国际论坛首次会议上，习近平主席发表书面致辞，提出中国会继续尽己所能，帮助广大发展中国家应对疫情，并宣布一系列重大举措，为推动全球疫苗公平可及注入强大动力，为广大发展中国家提振抗疫信心。

致辞中，习近平主席宣布，今年全年，中国将努力向全球提供 20 亿剂疫苗。中国决定向"新冠疫苗实施计划"捐赠 1 亿美元，用于向发展中国家分配疫苗。这些举措表明了中国继续支持全球抗疫合作、推动构建人类卫生健康共同体的坚定决心。

新冠肺炎疫情暴发以来，中方一直强调要积极推进疫苗国际合作，主张要让疫苗成为全球公共产品。中方言必信、行必果，已经并正在向 100 多个国家捐助疫苗，同时向 60 多个国家出口疫苗，总量已超过 7.7 亿剂，居全球首位。

随着疫情起伏反复，病毒频繁变异，广大发展中国家在获取疫苗上仍然面临困难和挑战。目前非洲新冠疫苗的完全接种率不到 2%，是全球接种率最低的地区。就在 8 月 6 日，最新一批中国对外援助的 10 万剂疫苗从北京运往赞比亚首都卢萨卡。中方用行动践行让疫苗成为全球公共产品的承诺。

（2021 年 8 月 7 日中央电视台《新闻联播》）

例稿1.19

国务院印发《"十四五"国家老龄事业发展和养老服务体系规划》

为贯彻落实积极应对人口老龄化国家战略，国务院日前印发《"十四五"国家老龄事业发展和养老服务体系规划》，明确了"十四五"时期的总体要求、主要目标和工作任务。

《规划》部署了九方面具体工作任务，包括织牢社会保障和兜底性养老服务网、扩大普惠型养老服务覆盖面、强化居家社区养老服务能力、完善老年健康支撑体系、大力发展银发经济、践行积极老龄观、营造老年友好型社会环境、增强发展要素支撑体系、维护老年人合法权益。

（2022 年 2 月 21 日中央电视台《新闻联播》）

例稿1.20

《感动中国2021年度人物颁奖盛典》将于今晚播出

《感动中国 2021 年度人物颁奖盛典》将于今晚（3 月 3 日）8 时在总台央视综合频道播出。

获得感动中国 2021 年度人物荣誉的有：中国核动力事业的奠基者彭士禄，归根清华、为中国科学发展作出重要贡献的百岁物理学家杨振宁，七十年航空报国的科学家顾诵芬，守护高原人民健康的老院士吴天一，长津湖幸存的志愿军战士——"中国保尔"朱彦夫，取得辉煌成就的中国航天人，首位闯进奥运会男子百米决赛的亚洲飞人苏炳添，见证国家脱贫奇迹的陈贝儿，身残志坚的脱贫攻坚奋斗者张顺东、李国秀夫妇，双耳失聪但仍然自强不息的青年学生江梦南。

（2022 年 3 月 3 日中央电视台《新闻联播》）

例稿1.21

李家超高票当选香港特区第六任行政长官人选

香港特别行政区第六任行政长官选举今天（5 月 8 日）举行，李家超高票当选第六任行政长官人选。

今天，香港特区选举委员会委员以一人一票方式，对候选人李家超进行无记名投票。投票结束后，工作人员以手工逐一清点、确认选票。在香港特区选举管理委员会、选委、候选人及其代理人、媒体及公众的监督下，选举及点票工作紧张而有序进行。

点票结果显示，李家超获得 1416 张支持票，得票率 99.16%。

李家超在选举结果揭晓后表示，他将忠诚坚毅地肩负起责任，团结和带领 740 万香港居民，一同为香港开新篇。

香港特区第六任行政长官的任期自 2022 年 7 月 1 日至 2027 年 6 月 30 日。

（2022 年 5 月 8 日中央电视台《新闻联播》）

例稿1.22

中央追逃办："百名红通人员"孙锋被遣返回国

5月19日，在中央追逃办统筹协调下，经江苏省监察机关、公安机关不懈努力，通过国际执法合作，"百名红通人员"孙锋在境外落网并被遣返回国。

孙锋，1978年8月出生，中国农业银行江阴要塞支行原行长，涉嫌利用职务便利骗取他人巨额资金，2011年12月外逃。江阴市公安局以涉嫌合同诈骗罪对其立案侦查。2012年2月，通过国际刑警组织对其发布红色通缉令。2015年4月，被列为"百名红通人员"。孙锋是开展"天网行动"以来，第61名归案的"百名红通人员"。

（2022年5月20日中央电视台《新闻联播》）

例稿1.23

三星堆遗址考古阶段性成果今天发布

今天（6月13日）上午，四川省文物考古研究院召开新闻发布会，发布三星堆遗址考古发掘阶段性成果。

截至目前，在四川广汉新发现的6座祭祀坑共计出土编号文物近13,000件，其中相对完整的文物3155件。四川省文物考古研究院联合北京大学对其中近200个样品进行了碳14测年，发现除5号、6号坑年代稍晚，3、4、7、8号坑的埋藏年代一致，为商代晚期，距今约3200年—3000年。

3号坑、8号坑发现的铜尊、铜罍为中原殷商文化的典型铜器，7号坑、8号坑发现的有领玉璧、玉璋、玉戈在河南、陕西、山东以及广大的华南地区都有发现，实证古蜀文明是中华文明的重要组成部分。

（2022年6月13日中央电视台《新闻联播》）

例稿1.24

国际联播快讯

中方批评日本推进核污染水排海极不负责

据日本广播协会今天（6月6日）报道，日本东京电力公司5日开始向福岛第一核电站核污染水排海隧道中注入海水，这些海水是用来稀释即将排放的核污染水。

5日，国际原子能机构六月理事会在维也纳举行。中方代表发言指出，日本福岛核污染水排海是关乎全球海洋环境和公众健康的重大问题，不是日方一家私事。日方无视本国国民及世界各国的正当合理关切，始终没有就各方关切作出科学、可信说明，也没有同包括邻国在内的利益攸关方进行充分协商，一意孤行加速推进核污染水排海计划，是极不负责任的行为。

柬首相：北约向亚太渗透威胁地区安全

柬埔寨首相洪森5日在柬埔寨皇家法律与经济大学毕业典礼上发表演讲时指出，北约目前有向亚太地区渗透的趋势，这对亚太地区安全稳定构成了威胁，令人担忧。此外，针对美英澳核潜艇合作一事，洪森表示，美英澳核潜艇合作挑动危险的军备竞赛，东盟国家坚决反对核武器扩散。

伊朗驻沙特使馆即将重新开放

伊朗驻沙特使馆定于今天（6月6日）重新开放。伊朗外交部此前还称，伊朗驻沙特吉达领馆及伊朗驻伊斯兰合作组织代表处将于7日重新开放。4月6日，沙伊双方签署联合声明宣布恢复外交关系。随后，两国代表团互访筹备重开使领馆事宜。

英国葡萄牙多行业继续举行罢工

英国威尔士皇家护理学院成员今天（6月6日）举行罢工抗议高通胀，罢工将持续两天。此次罢工预计将影响当地的手术和门诊预约。

葡萄牙铁路员工5日举行为期一个月的罢工行动，要求提高工资以应对高通胀。据当地媒体报道，此次罢工将严重影响当地交通。

美加州称将对佛州转运非法移民展开调查

据美国媒体报道，一架搭载约20名非法移民的飞机5日飞抵加利福尼亚州首府萨克拉门托。此前，一架搭载16名非法移民的飞机于2日飞抵加州。有文件显示，这两架飞机与佛罗里达州有关。加州总检察长办公室表示，将对佛州遗弃非法移民的行为进行调查。佛州官方对此没有回应。

美国民主、共和两党一直就非法移民问题争执不断。去年以来，一些共和党人执政的州政府多次将大批非法移民转运至民主党人执政的地区。

（2023年6月6日中央电视台《新闻联播》）

例稿1.25

各地举行活动纪念抗战胜利77周年

全国各地举行多种活动纪念中国人民抗日战争暨世界反法西斯战争胜利77周年。弘扬伟大抗战精神，汇聚磅礴奋进力量。

在河北沧州冀中烈士陵园，在吉林通化东北抗联第一路军诞生地，在山东薛城铁道游击队纪念碑，人们举行庄严仪式，缅怀抗战英烈，表达对英雄的无限崇敬。77年前的今天，中国人民经过14年不屈不挠的浴血奋战，打败了穷凶极恶的日本军国主义侵略者，取得了中国人民抗日战争的伟大胜利。

铭记历史，珍爱和平。今天（9月3日），侵华日军南京大屠杀遇难同胞纪念馆举行"弘扬伟大抗战精神、砥砺民族复兴之志"活动。在纪念馆的胜利广场，人们向为中国人民抗日战争胜利献出生命的先烈敬献花篮。在浙江衢州侵华日军细菌战展览馆，人们通过史料文物，对那段不能忘却的历史有了更加深刻的认识和理解。在中国人民抗日战争纪念馆，气势雄伟的《铜墙铁壁》雕塑、"伟大胜利 历史贡献"主题展览，让人们追忆抗战光辉历史，汲取精神力量。在河南中原英烈纪念馆，在陕西延安革命纪念馆，人们重温壮怀激烈的烽火岁月，致敬英勇无畏的抗战英雄。

在福建龙岩、山西长治、广西鹿寨、黑龙江虎林、重庆万州等地，人们通过开展党日活动、主题教育等多种方式，赓续抗战精神。江西南昌新四军军部旧址陈列馆今天迎来大批参观学习的市民，大家在这里接受爱国主义教育，现场聆听抗战老战士讲述抗战故事。

今天，香港特区政府举行仪式，纪念中国人民抗日战争胜利77周年。纪念仪式包括奏唱国歌、升旗仪式、鸣枪致敬先烈、默哀等环节。香港首个抗战专题纪念馆——香港沙头角抗战纪念馆也于今天开馆。

在祖国各地的座座军营里，各部队开展重温入伍誓词、向新战士授枪等系列活动，缅怀抗战先烈，感悟初心，铸牢官兵建功军营、奋斗强军的决心。

（2022年9月3日中央电视台《新闻联播》）

例稿1.26

十年转型发展 人民海军迈入"三航母时代"

我国首艘航母辽宁舰入列10年来，人民海军始终聚焦使命任务，抓建设、打基础、强能力，实现了从无到有、从改装到国产、从滑跃到弹射的升级跨越，创造了令人瞩目的"中国速度"，新时代的人民海军迈入"三航母时代"。

　　前不久，渤海某海域，满载着歼-15舰载战斗机的辽宁舰破浪前行，数架战机采用轮转出动的方式分批次起飞，在空中完成战斗任务交接后循环着舰，实现了舰载战斗机出动和回收间隔时间、再次出动准备时间、同时放飞架次等多项突破。

　　党的十八大以来，海军紧紧围绕全面建设世界一流海军的宏伟目标，不断推动以航母为重点的新质作战力量建设。我国首艘国产航母山东舰入列不到三年，先后完成跨区机动、编队战术等训练任务；第三艘航母福建舰目前正按计划开展系泊试验；055型万吨级驱逐舰南昌舰、大型远洋补给舰呼伦湖舰、新型舰载机等主战装备加速升级换代，航母编队体系作战能力不断增强。

（2022年9月23日中央电视台《新闻联播》）

例稿1.27

中国空间站的首个国庆节

　　昨天（9月30日），问天实验舱完成转位后，中国空间站组合体由两舱"一"字构型转变为两舱"L"字构型。中国空间站以全新的构型迎来新中国73周年华诞，神舟十四号航天员送出了祝福，这也是航天员首次在空间站为新中国庆生。

　　这是航天员刘洋从中国空间站分享的国庆节第一缕阳光。昨天12时44分，神舟十四号航天员与地面天地协同，完成了问天实验舱转位。

　　当天16时许，航天员陈冬、蔡旭哲打开已完成转位的问天实验舱舱门，中国空间站以全新的构型迎来新中国的生日。

　　国庆假期第一天，航天员的主要工作需要完成空间站组合体的日常照料与维护。后续，他们将配合地面团队完成空间站组合体的姿态调整和状态设置，等待后续梦天实验舱的来访。

（2022年10月1日中央电视台《新闻联播》）

例稿1.28

中共中央 国务院在南京举行2022年南京大屠杀死难者国家公祭仪式

　　中共中央、国务院13日上午在南京隆重举行2022年南京大屠杀死难者国家公祭仪式。中共中央政治局常委、中央书记处书记蔡奇出席并讲话。

　　公祭仪式在侵华日军南京大屠杀遇难同胞纪念馆集会广场举行。10时整，公祭仪式开始，奏唱《中华人民共和国国歌》。国歌唱毕，全场向南京大屠杀死难者默哀。同一时间，南京市拉响防空警报，汽车停驶鸣笛，行人就地默哀。默哀毕，在《国家公祭献曲》的旋律中，解放军仪仗大队16名礼兵将8个花圈敬献于公祭台上。

之后，蔡奇发表讲话。他表示，今天，我们在这里隆重举行南京大屠杀死难者国家公祭仪式，深切缅怀南京大屠杀的无辜死难者，缅怀惨遭日本侵略者杀戮的死难同胞，缅怀为中国人民抗日战争胜利献出生命的革命先烈和民族英雄，缅怀同中国人民携手抗击日本侵略者而献出生命的国际战士和国际友人，表达中国人民坚定不移走和平发展道路的崇高愿望，宣示中国人民牢记历史、不忘过去，珍爱和平、开创未来的坚定立场。

蔡奇强调，历史的苦难不能忘记，前进的脚步永不停息。前进道路上，我们要坚定不移坚持中国共产党的领导，坚定不移推进中国式现代化，坚定不移发扬斗争精神，坚定不移推动构建人类命运共同体。

新时代新征程，全党全军全国各族人民要更加紧密地团结在以习近平同志为核心的党中央周围，以史为鉴、开创未来，踔厉奋发、勇毅前行，为全面建设社会主义现代化国家、全面推进中华民族伟大复兴而团结奋斗。中国人民愿同世界人民携手开创人类更加美好的未来。

85名南京市青少年代表宣读《和平宣言》，6名社会各界代表撞响"和平大钟"。伴随着3声深沉的钟声，3000只和平鸽展翅高飞，寄托着对死难者的无尽哀思和对世界和平的无限期许。

中共中央政治局委员、中央政法委书记陈文清主持公祭仪式。

（2022年12月13日中央电视台《新闻联播》）

例稿1.29

世贸组织审议美国贸易政策 多方批评"美国优先"

世界贸易组织14日在日内瓦举行会议审议美国贸易政策。多个世贸组织成员对美国枉顾多边贸易规则，实施单边主义霸凌行径提出批评。

欧盟常驻世贸组织大使马查多表示，美国出台的《通胀削减法》向汽车业等美国关键部门生产商提供大量补贴，构成对其他国家相关产业歧视性对待，违反世贸组织条款。

中国代表表示，美国打着"重归多边"的幌子，更加以"美国优先"为出发点，采取了与多边贸易体制根本原则背道而驰的措施。

俄罗斯、土耳其、新西兰、加拿大代表也批评美国双重标准，选择性遵守世贸组织规则，认为美国的政策行为损害了世贸成员对多边贸易体制的信心。

（2022年12月15日中央电视台《新闻联播》）

例稿1.30

多国举办精彩活动庆祝中国春节

近日，新西兰奥克兰举行了主题为"新春花市同乐日"的活动。新春花市内锣鼓喧天，精彩的中国传统民俗和文化表演以及数百个美食和年货摊位，吸引了大批当地民众参加。

一辆以兔年春节为主题的电车近日在意大利首都罗马街头亮相，并计划运行一个月；车身上装饰着中、意两国小朋友创作的"玉兔"等图案，既体现了中国文化传统，又充满童趣。

在哥伦比亚首都波哥大举行的"欢乐春节"活动上，舞龙舞狮、器乐演奏、剪纸等表演精彩纷呈，令当地民众感受到中国传统文化的魅力。

在墨西哥首都墨西哥城，兔年"自行车生肖装饰大赛"巧妙地将中国传统生肖和运动工具相结合，吸引了 5000 名当地民众参与和观看。

在德国，伯乐中文合唱团的同学们用歌曲《欢乐中国年》送上新春祝福。

英国北爱尔兰地区米尔本小学合唱团用中文演唱了在中国家喻户晓的歌曲《小燕子》，为中国人民送上新春的祝福。

（2023 年 1 月 25 日中央电视台《新闻联播》）

例稿1.31

国务院、中央军委公布实施新修订的《征兵工作条例》

国务院、中央军委日前公布新修订的《征兵工作条例》，自 2023 年 5 月 1 日起施行。

新修订的《条例》贯彻习近平强军思想，贯彻新时代军事战略方针，服务国防需要，以提升兵员征集质量为核心，以规范征兵工作程序为重点，对征兵工作全流程进行体系设计和整体优化，着力构建程序规范、责权明晰、平战衔接、快捷高效的新时代征兵工作体系，为军队兵员补充和储备、建设巩固国防和强大军队提供有力制度保障。

新修订的《条例》共 11 章 74 条。主要从制度上健全征兵组织领导机制，构建从国家到省市县纵向贯通、从政府到高校横向覆盖的征兵组织领导体系；优化征兵组织实施办法，完善体格检查、政治考核、交接运输、检疫复查等机制，依法、精准、高效征集高素质兵员；加强征兵综合保障，推进征兵信息化建设，强化监督检查，维护公民应征权益。

（2023 年 4 月 12 日中央电视台《新闻联播》）

例稿1.32

中华人民共和国主席令（第一号）

国家主席习近平 3 月 11 日签署第一号主席令。

第一号主席令说，根据中华人民共和国第十四届全国人民代表大会第一次会议的决定，任命李强为中华人民共和国国务院总理。

（2023 年 3 月 11 日中央电视台《新闻联播》）

例稿1.33

世卫组织宣布新冠疫情不再构成"国际关注的突发公共卫生事件"

在世卫组织紧急委员会会议上，专家认为，近期全球疫情总体呈下降趋势，人群免疫力提升，死亡率逐步下降。世卫组织方面还强调，这一决定并不意味着新冠疫情不再是全球健康威胁，一旦新冠疫情再次让世界处于危险中，将立即组织专家评估形势。

"国际关注的突发公共卫生事件"是世卫组织根据《国际卫生条例》所能发布的最高级别警报。2020 年 1 月 30 日，世卫组织宣布新冠疫情构成"国际关注的突发公共卫生事件"。

（2023 年 5 月 6 日中央电视台《新闻联播》）

例稿1.34

今年京杭大运河全线贯通　补水顺利完成

记者从水利部了解到，历时 3 个月的 2023 年京杭大运河全线贯通补水任务近日顺利完成，累计补水 9.26 亿立方米，置换了沿线 94.2 万亩耕地地下水灌溉用水。这次补水工作通过优化配置，调度南水北调东线北延应急供水工程，京津冀鲁四省市本地水、引黄水、引滦水、再生水等水源，在 2022 年实现百年来首次全线水流贯通基础上，进一步发挥南水北调东线工程综合效益，持续推进华北地区河湖生态环境复苏和地下水超采综合治理，助力大运河文化保护传承利用。

（2023年6月3日中央电视台《新闻联播》）

例稿1.35

剑指"台独"！一个中国红线不容触碰

《主播说联播》，今天我来说。今天（4月9日）演习进入第二天，从演习的地点分布和这两天演训的内容来看，特点非常明显，就是战巡进逼，全向围岛慑压。演习的名称"联合利剑"也说明，这次是利剑出鞘、联合作战，针对性很强。今天，多军兵种部队就对台岛及周边海域关键目标，实施模拟联合精确打击，目标很明确了。这里面还有一个细节：今天，参演的徐州舰与台湾地区的宜阳舰，目视距离大约只有5海里，徐州舰向宜阳舰实施了战术机动接近。

所以说，这次演习的内容非常丰富，传递的信息也再清晰不过。前两天，针对美台勾连策划的蔡英文"过境"窜美闹剧，中方对相关机构和人员出台了反制措施，"三箭"（剑）齐发。我们看到，制裁之"箭"精准出击，演习"利剑"精确打击。这是对"台独"分裂势力与外部势力勾连挑衅的严重警告，是捍卫国家主权和领土完整的必要行动。全向围岛、持续进逼态势已然形成。还是那句话，"台独"是一条绝路，倚美谋"独"也不可能有任何出路。回到一个中国的原则上来，才是正道。

（2023年4月9日《央视新闻·主播说联播》）

例稿1.36

有一种能力，是挖呀挖呀挖

《主播说联播》，今天我来说。今天（5月8日），我国可重复使用试验航天器成功着陆。5月1日，亚洲最深井在塔里木盆地正式开钻施工。"上天入地"的大国重器背后，是上下求索的科技工作者。

今天（5月8日）有一个好消息刷屏了。我国发射的可重复使用试验航天器，在轨飞行276天后，今天成功返回预定着陆场。这次试验的圆满成功，标志着我国可重复使用航天器技术研究取得重要突破，后续可为和平利用太空提供更加便捷、廉价的往返方式。消息很简短，可谓"字少事大"。网友们纷纷点赞，留言说"闷声干大事"，还有网友心领神会，留言表示"过于先进，不便展示"。

都说"上天入地"，说完了"上天"，再来说说"入地"。就在这个五一，位于塔里木盆地的中国石化"深地一号"跃进 3-3 井正式开钻施工,向设计深度 9472 米挺进。这一深度将刷新亚洲最深井纪录,而且工程使用的是我国自主研发的人造金刚石钻头。我国向深地进军的步伐坚定迈进。中央广播电视总台还推出了特别报道,总台主创团队大胆尝试,首次将油田里一种用于帮助工作人员检测的工业鹰眼摄像头用在了电视节目中。这种鹰眼摄像头首次拍摄到地下千米地层的真实影像,让观众亲眼看到了"现代土行孙""啃碎"岩石、挺进深地的震撼画面。

向最高处仰望,往最深处扎根,大国重器彰显的是大国硬核力量,守护的是我们每个人的安全感。而"上天入地"的大国重器背后,离不开上下求索的科技工作者。我们为这样"上天入地"的能力自豪,更要向这种上下求索的精神学习、致敬!

(2023 年 5 月 8 日《央视新闻·主播说联播》)

任务拓展

1.选择训练例稿进行上镜训练,并编辑、制作成完整的时政新闻节目。

2.以小组为单位,自主策划、采访、撰稿、编辑、播音,制作一期时政新闻节目,口播部分可由学生独立或男女搭档对播完成,时长5分钟。

评价方法

考核表

考核模块	考核内容	考核方式	考核点	分值
（一）知识与技能目标	1.对所学时政新闻播报的理论知识进行回顾、总结。	理论测验	1.准确说出时政新闻播报的定义、播报特点、语言特征、态度分寸。	10
	2.策划、编辑、制作一期时政新闻节目。	技能训练	2.掌握时政新闻的特征及备稿方法、播报常用的语言样式、调动感情和把握分寸的方法; 3.语音规范,播报规整; 4.基调正确,叙事清晰,重点突出; 5.节目编排合理,音乐协调。	20
	3.以小组为单位,自主策划、采访、拍摄、撰稿、编辑、播音,制作一期时政新闻节目,时长5分钟。	作品评审	6.运用时政新闻播报的备稿方法对时政新闻进行准备; 7.运用宣读式和播报式对不同时政新闻稿件进行播音,运用正确的态度分寸播报时政新闻; 8.策划、文稿、节目播出单齐全; 9.节目导向正确,重点突出; 10.语言规范,播报流畅,节目编排合理,制作精良。	50

续表

考核模块	考核内容	考核方式	考核点	分值
（二）过程与方法目标	4. 合作完成节目成品的过程表现。	综合评价	1. 获取、搜集、整理信息，甄选有价值的信息； 2. 制订、实施工作计划； 3. 分析、发现、解决问题； 4. 具有运用理论知识的能力； 5. 及时完成工作任务。	10
（三）情感、态度、价值观目标	5. 出勤纪律、工作态度（违反第一条，10分全无）。		1. 遵守工作纪律，自我约束力强，不迟到、早退、旷课； 2. 有职业道德和社会责任感； 3. 有较强的新闻敏感性，有一定的新闻工作者的人文关怀意识； 4. 语言沟通能力、组织协调能力强，与团队成员团结协作，共同完成工作任务； 5. 实事求是地完成工作评价，给出合理分值。	10
评分标准：优 90—100 分，良 80—89 分，及格 60—79 分 总分 = 自我评分（20%）+ 小组评分（30%）+ 教师评分（50%）				
改进建议				

项目二　经济、科教新闻播报

任务1　经济、科教新闻播报的备稿

课前热身：认真听三条经济、科教新闻，听后做简要复述，并发表自己的看法。要求语言流畅、主题突出、逻辑性强；认真记录关键词，迅速理清消息内容的层次，整理讲话思路，做到出口成章。

学习目标：了解经济、科教新闻的含义、播报特点、备稿方法，运用正确的方法做好经济、科教新闻的备稿。

案例导入：8月19日章艳最后一次亮相深圳卫视《直播港澳台》节目，8月24日"惊艳"央视二套。据央视财经频道传来的消息，章艳在8月20日至22日连夜赶制样片，23日样片经央视领导同意，24日顺利播出。而按照惯例，一般的地方台主持人到央视，都会提前1个月到北京赶制样片，经台领导同意后，还只能到台里的非重点节目做备播而不是直接上主播台，经历一个星期的备播后，才有可能当上主播。而章艳省去这些过程，一跃成为财经频道重点节目《经济信息联播》的新主播。深圳走出去的女主播在央视复制了"深圳速度"。

据央视财经频道相关人员说,很难找到像章艳这样既懂财经、会英文,形象又天生国际化的主播。章艳的加盟,顺应了央视财经频道国际化的路线。

章艳的经历给了你怎样的启示?收看她主持的《经济信息联播》,分析怎样才能用通俗的语言讲述专业的财经资讯。当面对专业性较强的稿件时,你会如何做好播报准备呢?

随着人们生活水平的不断提高,与人们生活息息相关的经济、科技、教育类资讯越来越受到大家的关注,越来越多的专业资讯类频道和节目应运而生,不断吸引着受众的眼球与耳朵,影响着社会和百姓的生活。

央视财经频道通过早间节目《第一时间》、午间节目《天下财经》和晚间节目《经济半小时》《经济信息联播》,共同构筑起以财经资讯为核心内容的主线。《深度财经》主打深度财经事件调查与分析;《消费主张》关注消费生活领域的变化,为广大消费者提供有价值的资讯和观点。优秀的财经节目还包括凤凰卫视的《金石财经》和《凤凰财经日报》等。

在科教领域,央视科教频道作为中国电视科教类专业频道,以“品质、内涵”为特色,把“教育品格、科学品质、文化品位”作为核心理念,努力探索实践,发挥国家级电视媒体的影响力和引导力,承担起弘扬主流价值观、引领文化发展的媒体责任,成为观众喜爱的国家级电视频道。

作为一名播音员主持人,播报好专业性较强的经济、科教新闻的首要前提是对这类新闻进行全方位解析,把握其特点,认真做好播报的准备工作。

一、何谓经济、科教新闻

经济、科教新闻是指及时、迅速地对经济领域、科技教育领域新近发生的具有一定社会意义或社会影响的事实所做的简要报道。

二、经济、科教新闻的主要特点

经济、科教新闻的主要特点是真实、新鲜、有价值、简明扼要、传播快捷、专业性强。

三、经济、科教新闻备稿的具体步骤

备稿是播音员主持人的基本功,那么经济、科教新闻播音该如何备稿呢?

首先,要熟悉新闻稿件结构,了解基本事实,把握稿件的大体框架,理清文章的脉络。新闻稿件通常由导语、主体和结尾三部分组成。导语是稿件的总纲,播音时要状

态积极，清晰地把重点表达出来，确定稿件基调；主体是新闻事实的展开部分，要流畅细致地展现新闻内容，语气稍显平缓；结尾是全篇的总结，通常有概括性的评价和展望，语气要明朗舒展，有明显的结束感。备稿时，划分层次有助于把握稿件各部分起承转合的语气变化，让播音层次分明，具有整体感。

其次，要把握新闻的具体内容。如主题是什么，产生于什么样的社会背景，有怎样的播出目的，在播出过程中应强调什么重点，播音应持有怎样的基调，等等。

最后，把握细节，抓住经济、科教新闻的关键词，掌握专业术语、重要数据，找准新闻点。此类新闻中的信息饱和度非常高，会出现很多人名、地名、时间、数字、专业术语等，播报难度大，稍有懈怠就会出错。作为党的喉舌，播音员主持人不仅要普通话规范，还要口齿伶俐、字音清晰，尤其不能出错。央视新闻播音员康辉、郭志坚等人，播音几乎没有错误，从而塑造了他们可靠、权威的播音形象，赢得了广大受众的喜爱。"不出错"看似简单，实际上是很高的要求，需要播音员主持人做好稿件的准备工作，熟悉稿件，心中有数。播音时要全神贯注，在重要的信息和拗口的词语上多加注意，把不认识的字的发音标注出来，提前了解不熟悉的专业术语和信息。只有保持这样认真严谨的作风，才有可能准确传达新闻的内涵。

课堂训练

例稿1.37

长江"黄金水道"效益凸显

今天（6月18日），三峡集团发布消息，三峡船闸自运行以来，长江通航条件得以大幅提升，船舶吨位从1000吨级提高到5000吨级，长江水系通航里程达7万公里，实现了全线全年昼夜通航。

长江是连接我国西南、华中、华东三大经济区的交通运输大动脉。目前，三峡船闸年均通航率高于初步设计指标近10%，长江干线年货运量达到35亿吨左右，连续18年稳居世界内河第一，长江已成为名副其实的"黄金水道"。

（2023年6月18日中央电视台《新闻联播》）

例稿1.38

中国载人航天工程三十年成就展在京开幕

今天（2月24日），"逐梦寰宇问苍穹——中国载人航天工程三十年成就展"在中国国家博物馆开展，首次全面系统面向公众展示工程发展历程和建设成就。

成就展以"回望飞天路、奋进新征程"为主题，全面系统回顾工程全线三十年来自信自强、奋斗圆梦的辉煌历程，重点展示党的十八大以来，在以习近平同志为核心的党中央坚强领导下，载人航天事业取得的跨越式发展和历史性成就。据介绍，中国空间站已全面转入应用与发展阶段。目前，我国载人月球探测关键技术攻关和方案深化论证已经完成。

（2023 年 2 月 24 日中央电视台《新闻联播》）

例稿1.39

国内联播快讯

《中国标准化发展年度报告（2022）》发布

市场监管总局、国家标准委今天（4 月 19 日）发布《中国标准化发展年度报告（2022）》。2022 年，我国共批准发布国家标准 2266 项，重点领域的主要消费品标准与国际标准的一致性程度达到 95%。

八部门印发中医药文化弘扬工程实施方案

日前，国家中医药管理局等八部门联合印发《"十四五"中医药文化弘扬工程实施方案》，提出到 2025 年，建设 50 个国家级中医药文化体验场馆，全国中医药文化宣传教育基地增至 150 个。中医药文化产品和服务供给更为优质丰富，传播体系趋于健全。

"读懂中国·湾区对话"专题论坛在广州开幕

"读懂中国·湾区对话"专题论坛今天（4 月 19 日）在广州开幕，来自全球 50 多个国家和地区的学者、企业家、外国驻华使节等嘉宾，就中国式现代化的深刻内涵以及中国发展为世界带来的新机遇展开深入交流探讨。论坛还将举行主旨演讲、主题会议等系列配套活动。

第29届中国国际广播电视信息网络展览会开幕

第 29 届中国国际广播电视信息网络展览会昨天（4 月 18 日）在北京开幕，来自世界各地的 600 多家企业和机构参展。本届展会以"大视听　向未来"为主题，设有广电 5G、媒体融合、互联网电视、智能终端等 20 多个展区，全景展现视听产业科技创新成果。

（2023 年 4 月 19 日中央电视台《新闻联播》）

例稿1.40

"1箭41星"发射成功   中国航天再创新纪录

今天（6月15日）13时30分,我国在太原卫星发射中心使用长征二号丁运载火箭成功将吉林一号高分06A星等41颗卫星发射升空,发射任务获得圆满成功。"1箭41星"创造了中国航天发射"一箭多星"的新纪录。

13时30分,长征二号丁运载火箭搭载吉林一号高分06A星等41颗卫星在太原卫星发射中心点火升空。此次发射的41颗卫星分离时间跨度仅有80多秒,西安卫星测控中心采取"批次定轨"策略,有效提升定轨效率。

这41颗卫星中包含了36颗吉林一号遥感卫星,入轨后,将与在轨的72颗吉林一号卫星组网,为用户提供商业遥感服务及相关技术验证。

（2023年6月15日中央电视台《新闻联播》）

例稿1.41

国家助学贷款累计发放4000多亿元惠及2000多万名学生

记者从教育部获悉,国家助学贷款自1999年实施至今,已累计发放助学贷款4000多亿元,共资助家庭经济困难学生2000多万名。国家助学贷款实施以来,贷款额度不断提高,最高贷款额度提高至全日制普通本专科生每人每年1.2万元、研究生每人每年1.6万元。国家助学贷款期限已延长至学制加15年,最长不超过22年。贷款范围不断扩大,助学贷款实现高校、科研院所、党校、行政学院、会计学院等培养单位全覆盖,实现全日制普通本专科生、研究生、预科生全覆盖。2022年,国家出台助学贷款免息及本金延期偿还政策,今年延续实施该政策,预计惠及约400万名高校毕业生。

（2023年6月12日中央电视台《新闻联播》）

训练提示: 查找并标注稿件中的生僻字→按照备稿要求熟悉稿件,找准基调→抓住每条稿件的重要信息点,运用停连、重音、语气、节奏等外部语言技巧突出新闻的新鲜感→按照经济、科教新闻特点流畅播报。

任务拓展

1.选择课堂训练例稿进行重新编辑、播音,制作一期完整的经济、科教新闻节目,时长3分钟。

2.以小组为单位,自选经济、科教新闻稿件,编排顺序,播音、编辑、制作一期经济、科教新闻节目,时长5分钟。

问题思考

1.选择新近发生的经济、科教热点新闻各1条,分析其背景及传播目的。

2.搜集一档优秀的经济、科教新闻节目视频,认真分析播音员的表达后做模拟训练,并分析自己与播音员的差距在哪里。

评价方法

考核表

考核模块	考核内容	考核方式	考核点	分值
(一)知识与技能目标	1.对经济、科教新闻理论知识进行回顾、总结。	理论测验	1.准确说出经济、科教新闻的含义、特点、备稿方法。	10
	2.对一组经济、科教新闻例稿进行模拟播报。	技能训练	2.掌握经济、科教新闻播报的主要特点及备稿方法; 3.写出备稿分析笔记,步骤齐全,分析准确; 4.基调正确,状态积极; 5.语音规范,语言规整流畅。	20
	3.自选素材并播音,编辑、制作一期经济、科教新闻节目,时长5分钟。	作品评审	6.运用备稿方法做好播报前的准备; 7.节目导向、播音基调正确,重点突出; 8.语音规范,语言规整,播报流畅; 9.态度鲜明,语义清晰; 10.策划、文稿、稿签齐全,节目编排合理,制作精良。	50
(二)过程与方法目标	4.合作完成节目成品的过程表现。		1.获取、搜集、整理信息,甄选有价值的信息; 2.制订、实施工作计划; 3.分析、发现、解决问题; 4.具有运用理论知识的能力; 5.及时完成工作任务。	10
(三)情感、态度、价值观目标	5.出勤纪律、工作态度(违反第一条,10分全无)。	综合评价	1.遵守工作纪律,自我约束力强,不迟到、早退、旷课; 2.有职业道德和社会责任感; 3.有较强的新闻敏感性,有一定的新闻工作者的人文关怀意识; 4.语言沟通能力、组织协调能力强,与团队成员团结协作,共同完成工作任务; 5.实事求是地完成工作评价,给出合理分值。	10
评分标准:优90—100分,良80—89分,及格60—79分 总分 = 自我评分(20%)+ 小组评分(30%)+ 教师评分(50%)				
改进建议				

任务 2　经济、科教新闻播报的语言特征与技巧

课前热身：复述例稿中的一条新闻（要求表达流畅、个性化讲述）；就某一经济、科教新闻主题，尝试围绕"是什么""为什么""怎么做"展开小组间的辩论赛（要求观点鲜明、论述清楚，具有一定学科专业知识素养，时长8分钟。）

学习目标：了解经济、科教新闻播报的基本要求，掌握经济、科教新闻的语言特征及播报技巧，按照经济、科教新闻的播报要求播报经济、科教新闻。

案例导入：财经节目主播李梅在播报财经新闻时惯用港台腔、儿化音、非专业术语，有时还会出现卡顿、断错句的情况，观众多次投诉，最终李梅被电视台辞退。这位主播为什么会被辞退？你认为经济、科教新闻播报有哪些具体要求和技巧？

一、经济、科教新闻播报的基本要求

1. 叙事清楚

语句重音准确、停连得当；组织好句子，注意层次的转换与呼应，做到语句"归堆"、语义"抱团"。

2. 新鲜感强

声音明亮轻松，字音饱满有力；语势长扬，语气明朗有兴致；节奏平稳、明快；气息带有明显的弹发跳跃感。

二、经济、科教新闻播报的语言特征

准确清晰、朴实无华、简洁明快、平稳顺畅、专业性强。

三、经济、科教新闻的播报技巧

1. 经济新闻的播报技巧

（1）深入理解、全面把握稿件内容；

（2）弄清楚稿件中的专业术语及生僻字，对于数据和专业知识的播报要清晰、准确；

（3）注意停连、重音的准确把握；

（4）语言朴实舒展、自然从容。

2. 科教新闻的播报技巧

（1）深入理解稿件内容，全面把握稿件结构；

（2）领会节目意图，让播出目的具体化；

（3）明确收听收视对象，摆正自己与受众的关系；

（4）表达要有针对性、服务性，朴实流畅、灵活自如，完成从文字语言到有声语言的二度创作。

课堂训练

例稿1.42

"奋斗者"号载人潜水器突破万米海深 潜入全球最深海域

北京时间今天（11月10日）早上8时12分，我国"奋斗者"号全海深载人潜水器顺利下潜至地球海洋最深处，在太平洋马里亚纳海沟成功坐底，坐底深度10,909米，创造了中国载人深潜的新纪录。

北京时间今天清晨4时20分左右，"奋斗者"号潜水器从"探索一号"母船机库缓缓推出，随后被A架稳稳地起吊布放入水，在蛙人解缆后，开始注水下潜。

8时12分左右，"奋斗者"号成功坐底，抵达洋底深度显示为10,909米，刷新中国载人深潜新的深度纪录。坐底后，随船的总台央视记者连线身处万米深海的"奋斗者"号潜航员。

"奋斗者"号下潜后能够拍摄海底地形地貌、海洋生物等影像资料，同时利用"机械手"对海洋生物、底层海水、海底沉积物和岩石进行采样。

6000米以下的深海区是解决生命起源、地球演化等重大科学问题的前沿领域，全世界在深渊获取的科研样品都极其珍贵，"奋斗者"号下潜至万米海底将助力我国未来在大深度海底深渊科研方面作出原创性、奠基性贡献。

（2020年11月10日中央电视台《新闻联播》）

训练提示：第一段是导语，也就是引导之语。因此，"'奋斗者'号""最深处""坐底""10909""新纪录"要作为重音来处理。

第二、三、四段是新闻的主体，体现了新闻的重要意义，要带着民族自豪感喜悦地播读。第三、四段是对"奋斗者"号深潜坐底过程的情况介绍，备稿时要弄懂、标注清楚其中的专业术语，以便断句准确、播报清楚。

最后一段是新闻的结尾，交代了该科研项目的重要意义，"极其""原创性""奠基性"等词语要重读。

例稿1.43

一组经济、科教新闻

今年暑期旺季民航客流较2019年同期明显增长

记者今天（6月20日）从民航局了解到，今年以来，国内客运航班恢复速度加快。截至6月14日，日均国内客运航班1.2万班，恢复至2019年同期的104.3%。从暑期民航订座数据看，今年的暑期旺季较2019年同期有明显增长。总体来看，国内民航市场已基本恢复至2019年同期水平，行业运力供给充足。

全国铁路7月1日起实行三季度运行图

国铁集团今天（6月20日）发布，7月1日零时起，全国铁路将实行第三季度列车运行图。调图后，全国铁路开行图定旅客列车10,592列，较现图增加46列；开行货物列车22,182列，较现图增加394列，并首次在全国832个县开行乡村振兴货运班列。

教育部发布最新名单　全国高等学校共计3072所

教育部近日发布的全国高校名单显示，目前全国高等学校共计3072所。其中，普通高等学校2820所，含本科院校1275所、高职（专科）院校1545所，成人高等学校252所。

我国成功发射试验二十五号卫星

今天（6月20日）11时18分，我国在太原卫星发射中心使用长征六号运载火箭成功将试验二十五号卫星发射升空，卫星顺利进入预定轨道。该卫星主要用于开展新型对地观测技术试验。

第三届中非经贸博览会首批入境展品运抵

第三届中非经贸博览会首批入境参展展品昨天（6月19日）顺利通关运抵长沙国际会展中心，这批展品有来自乌干达、肯尼亚、纳米比亚等国的食品、化妆品、手工艺品等7类200多件特色商品。本届中非经贸博览会将于6月29日—7月2日在长沙举办。

（2023年6月20日《新闻联播》）

例稿1.44

RCEP进入全面实施新阶段

今天(6月2日),RCEP,也就是《区域全面经济伙伴关系协定》对15个签署国全面生效,全球人口最多、经贸规模最大、最具发展潜力的自由贸易区进入全面实施新阶段。

今天,RCEP对菲律宾正式生效。今天零时,全国首票出口货物在深圳海关监管下,从深圳皇岗口岸通关运往菲律宾。更多中国企业开始享受RCEP进入全面实施新阶段的发展红利。

2022年,我国与RCEP其他成员国进出口总额12.95万亿元人民币,同比增长7.5%,占我国外贸进出口总额的30.8%。2022年,我国实际利用RCEP其他成员国投资额235.3亿美元,同比增长23.1%。

RCEP对15个签署国全面实施后,将极大促进区域内货物、服务、资本、技术、人才和数据信息等资源要素的自由流动,在更大范围、更高水平、更深层次扩大开放合作,推动逐步形成更加繁荣的区域一体化大市场。

(2023年6月2日中央电视台《新闻联播》)

例稿1.45

神舟十五号载人飞行任务取得圆满成功

今天(6月4日)6时33分,神舟十五号载人飞船返回舱在东风着陆场成功着陆,现场医监医保人员确认航天员费俊龙、邓清明、张陆身体状态良好,神舟十五号载人飞行任务取得圆满成功。

5时42分,按照飞行程序,神舟十五号载人飞船轨道舱与返回舱成功分离。之后,飞船返回制动发动机点火,返回舱与推进舱分离。

返回舱成功着陆,担负搜救回收任务的搜救分队及时发现目标并抵达着陆现场。

返回舱舱门打开后,医监医保人员确认航天员身体健康。7时9分,神舟十五号航天员费俊龙、邓清明、张陆全部安全顺利出舱,健康状态良好。

神舟十五号载人飞船于2022年11月29日从酒泉卫星发射中心发射升空,随后与天和核心舱对接形成组合体。3名航天员在轨驻留期间,完成大量空间科学实验和试验,进行了4次出舱活动,圆满完成舱外扩展泵组安装、跨舱线缆安装接通、舱外载荷暴露平台支撑杆安装等任务,配合完成空间站多次货物出舱任务,为后续开展大规模舱外科学与技术实验奠定了基础。

　　神十五乘组不仅刷新了中国航天员单个乘组出舱活动次数的纪录，还见证了中国空间站全面建成的历史时刻。

　　13 时 9 分，神舟十五号航天员乘组乘机平安抵达北京。3 名航天员抵京后将进入隔离恢复期，进行全面的医学检查和健康评估，并安排休养。

（2023 年 6 月 4 日中央电视台《新闻联播》）

训练提示：以上稿件内容正面、积极，播报时应注意基调准确、语势平稳。播音员要认真处理好长句，理清层次关系，注意层次的转换与呼应，防止"蹦字"、语意不清，要体现经济、科教新闻播报的语言特点，做到以叙述为主，语气平实、语音规范、语句规整，无大起大伏，无大停大连，重音少而精，停少而连多。

任务拓展

1.请重新编辑例稿，制作一期经济、科教新闻节目，时长5分钟。

2.自主采访、撰写两条科教新闻，制作一期经济、科教新闻节目，播报时注意掌握此类新闻的语言特征与播报技巧，时长5分钟。

问题思考

1.如何理解经济、科教新闻的有声语言特点？

2.请举例分析你最喜欢的经济、科教新闻播音员的播音特色。

评价方法

考核表

考核模块	考核内容	考核方式	考核点	分值
（一）知识与技能目标	1. 对经济、科教新闻理论知识进行回顾、总结。	理论测验	1. 准确说出经济、科教新闻播报基本要求。	10
	2. 对一组经济、科教新闻例稿进行模拟播报。	技能训练	2. 掌握经济、科教新闻播报的语言特征； 3. 掌握经济、科教新闻播报的技巧； 4. 基调正确，准确把握新闻语体； 5. 语言规范，播报规整流畅。	20
	3. 制作一期经济、科教新闻节目，时长 5 分钟。	作品评审	6. 运用经济、教科新闻的播报技巧播报经济、科教新闻； 7. 节目导向、播音基调正确，重点突出； 8. 语音规范，播报流畅； 9. 态度鲜明，语义清晰，节奏明快； 10. 策划、文稿、稿签齐全，节目编排合理，制作精良。	50

续表

考核模块	考核内容	考核方式	考核点	分值
（二）过程与方法目标	4.合作完成节目成品的过程表现。	综合评价	1. 获取、搜集、整理信息,甄选有价值的信息; 2. 制订、实施工作计划; 3. 分析、发现、解决问题; 4. 具有运用理论知识的能力; 5. 及时完成工作任务。	10
（三）情感、态度、价值观目标	5.出勤纪律、工作态度（违反第一条,10分全无）		1. 遵守工作纪律,自我约束力强,不迟到、早退、旷课; 2. 有职业道德和社会责任感; 3. 有较强的新闻敏感性,有一定的新闻工作者的人文关怀意识; 4. 语言沟通能力、组织协调能力强,与团队成员团结协作,共同完成工作任务; 5. 实事求是地完成工作评价,给出合理分值。	10
评分标准: 优 90—100 分, 良 80—89 分, 及格 60—79 分 总分 = 自我评分（20%）+ 小组评分（30%）+ 教师评分（50%）				
改进建议				

任务3 ▶ 经济、科教新闻播报的态度分寸

课前热身: 认真了解下面这条新闻, 尽量完整、准确、流畅复述原文, 时长1分钟; 注意记住其中的专业术语、数据、时间等主要内容。

美国猴痘确诊病例逼近2.4万例

根据美国疾控中心公布的最新数据, 美国猴痘确诊病例逼近2.4万例, 达到 23,893 例, 全球占比达到近 38.3%。美国广播公司 20 日报道称, 专家认为在美国完全消除猴痘可能需要数年时间。另据马里兰州卫生部门公布的统计数据, 该州疫情种族差异明显, 在该州确诊病例中, 非洲裔占比达 59.1%, 白人占比为 16.3%, 而在该州总人口中, 非洲裔占比不到三成。

（2022 年 9 月 20 日中央电视台《新闻联播》）

学习目标：了解经济、科教新闻播报态度分寸的重要性；掌握经济、科教新闻播报态度分寸的控制方法；运用经济、科教新闻播报态度分寸的控制方法播报经济、科教新闻。

案例导入：播音员主持人只有理解了新闻的内涵，才能给受众值得信赖的感觉。特别是在重大事件和敏感话题的新闻播报上，态度分寸更要得当。比如乳制品行业发生添加三聚氰胺这样性质恶劣、影响极大的新闻事件，就不能用平和客观的语气进行播报。中央电视台播音员邢质斌在播《最新检测出的含有三聚氰胺乳制品企业名单》的新闻时，用非常严厉的语气进行播报，播出之后大快人心，受到观众一致好评。邢质斌的播音为什么会受到欢迎呢？播报的态度分寸有何作用？如何把握播报的态度分寸？

一、经济、科教新闻播报的态度分寸的重要性

经济、科教新闻具有社会属性，因此其新闻播报具有鲜明的政治情感色彩。播音员主持人应该以新闻稿件的内容为依据，善于在不同稿件中寻找情感的微妙起伏，将是非褒贬"含蓄"地从播报中流露出来。在新闻播音的创作中，有的播音员追求平淡，毫无态度和情感，对所有内容都抱着既不赞成也不反对的态度，这样的播音员是生活的旁观者、文字的传声筒。还有的播音员以十分亲切的态度来播报新闻内容，虽然避免了生硬和刻板，但通常都是播音员"满腔热情"，而受众却不领情。这是为什么呢？播报新闻应该有热情，但这种热情必须用恰当的态度分寸来处理。

二、怎样把握好态度分寸

新闻媒体具有引导受众的责任，播新闻尤其要注意鼓动性和号召性。播音员主持人只有真正理解新闻内容，熟悉新闻背景，明确播出目的，才能播得态度鲜明、分寸得当，才能让节目具有感染力，真正达到鼓舞受众、引导受众的目的。

新闻写作要求结构严谨、布局紧凑、语言精练。播报的声音形式应与稿件风格相一致，具有"吐字清晰、语势稳健、节奏明快、语言规整"的特点。播音员主持人要善于在风格变化不大的"稿件群"中寻找情感的变化，在相对规整的语言处理中寻找微妙的起伏，不能"睁眼看稿不动脑，张嘴念稿不动心"。新闻播报语势的走向，要像山涧的溪流一样顺势而下，但情感的表达则要紧紧抓住稿件的内在语，花心思、动脑筋，使传播者和受众双方达成"认知共识"。这样，一组新闻中不同稿件的播报就会有不同的情感处理方式，整组稿件表达出来就会"有声有色"。

课堂训练

例稿1.46

我国首次火星探测任务天问一号探测器成功着陆火星
习近平代表党中央、国务院和中央军委致电祝贺

5月15日7时18分,天问一号探测器成功着陆于火星乌托邦平原南部预选着陆区,我国首次火星探测任务着陆火星取得成功。中共中央总书记、国家主席、中央军委主席习近平致贺电,代表党中央、国务院和中央军委,向首次火星探测任务指挥部并参加任务的全体同志致以热烈的祝贺和诚挚的问候。

习近平在贺电中指出,天问一号探测器着陆火星,迈出了我国星际探测征程的重要一步,实现了从地月系到行星际的跨越,在火星上首次留下中国人的印迹,这是我国航天事业发展的又一具有里程碑意义的进展。你们勇于挑战、追求卓越,使我国在行星探测领域进入世界先进行列,祖国和人民将永远铭记你们的卓越功勋!

习近平强调,希望你们再接再厉,精心组织实施好火星巡视科学探测,坚持科技自立自强,精心推进行星探测等航天重大工程,加快建设航天强国,为探索宇宙奥秘、促进人类和平与发展的崇高事业作出新的更大贡献!

中共中央政治局常委、国务院副总理韩正在北京航天飞行控制中心观看天问一号探测器实施火星着陆情况。

中共中央政治局委员、国务院副总理刘鹤在现场宣读了习近平的贺电。

我国首次火星探测任务于2016年立项,计划通过一次任务实现火星环绕、着陆和巡视探测。天问一号探测器于2020年7月23日在海南文昌由长征五号运载火箭成功发射,2021年2月10日成功实施火星捕获,成为我国第一颗人造火星卫星,2月24日探测器进入火星停泊轨道,开展了为期约3个月的环绕探测,为顺利着陆火星奠定了基础。天问一号探测器成功着陆火星,是我国首次实现地外行星着陆,使我国成为第二个成功着陆火星的国家。中国国家航天局与欧空局,阿根廷、法国、奥地利等国际航天组织和国家航天机构开展了有关项目合作,将共同为探索宇宙奥秘、增进对火星演化的认知、了解生命起源等贡献智慧和力量。

(2021年5月15日中央电视台《新闻联播》)

训练提示: 这条新闻令人振奋,整篇稿件的基调是昂扬向上的。在播报时要仔细分析新闻内在语,体现一定的态度分寸,语气平实,重点段落语势扬起,体现一种坚定的、鼓舞人心的情感态度。用声不靠前也不靠后,注意语言的流畅度,力求表达清晰、准确无误。

例稿1.47

神舟十六号载人飞船成功发射　两个乘组航天员会师太空

今天（5月30日）上午9时31分，搭载神舟十六号载人飞船的长征二号F遥十六运载火箭在酒泉卫星发射中心成功发射，景海鹏、朱杨柱、桂海潮三名航天员顺利进入太空。16时29分，神舟十六号载人飞船与空间站组合体完成自主快速交会对接，空间站应用与发展阶段首次载人发射任务取得圆满成功。

6时42分，神舟十六号载人飞行任务航天员乘组出征仪式在酒泉卫星发射中心问天阁圆梦园广场举行。

6时44分，景海鹏、朱杨柱、桂海潮三名航天员出征。

9时31分，火箭点火起飞。

约10分钟后，神舟十六号载人飞船与火箭成功分离，进入预定轨道，航天员乘组状态良好。

神舟十五号三名航天员在空间站实时观看了神舟十六号发射的全过程。

飞船入轨后，于16时29分成功对接于空间站天和核心舱径向端口，整个对接过程历时约6.5小时。

18时22分，神舟十五号航天员乘组顺利打开"家门"，欢迎远道而来的神舟十六号航天员乘组入驻"天宫"。

（2023年5月30日中央电视台《新闻联播》）

例稿1.48

C919大型客机圆满完成首次商业飞行

今天（5月28日），国产大飞机C919大型客机成功完成商业载客首飞，这标志着C919的"研发、制造、取证、投运"全面贯通。

上午10时32分，航班号MU9191的首航飞机起飞。作为我国首次按照国际通行适航标准自行研制、具有自主知识产权的喷气式干线客机，C919大型客机选用完全自主研发的新一代国产客舱座椅。客舱内2.25米的过道高度，能让旅客感受到舒适的顶部和前方充足的视觉空间。

中午12时31分，飞机顺利抵达北京首都机场，并穿过象征民航最高礼仪的"水门"。

2015年11月2日，C919大型客机首架机总装下线，2017年5月5日在浦东国际机场成功首飞。2022年，C919大型客机获得中国民用航空局颁发的型号合格证，完成了商业运营前最重要的一次大考。同年，C919大型客机交付全球首家用户——中国东方航空。

大型客机制造因技术复杂和尖端，被誉为"工业皇冠上的明珠"，是一项跨学科、跨行业、跨地域的复杂系统工程。十几年来，全国二十多个省市、1000多家企事业单位、30余万人的大团队开展大协作，共同参与到大飞机的研制中。

从立项、下线到首飞、取证、交付、正式投入商业运营，中国的大飞机梦正一步步坚定地变为现实。目前，C919的全球订单已经超过1000架。

（2023年5月28日中央电视台《新闻联播》）

例稿1.49

我国首口万米科学探索井今日开钻

我国首口万米科学探索井——"深地塔科1井"今天（5月30日）在新疆沙雅县境内开钻。这口井位于塔克拉玛干沙漠腹地，设计钻探深度达11,100米，钻井周期为457天。

向深地进军，保障国家能源安全。"深地塔科1井"所在的塔里木盆地是我国超深油气富集区，8000米以下油气地质资源总量超过90亿吨油当量，占全国超深层资源量的一半以上。当前，我国已在深层油气资源勘探开发上取得一系列突破。

（2023年5月30日中央电视台《新闻联播》）

例稿1.50

2023年中国品牌日活动开幕

2023年中国品牌日活动今天（5月10日）在上海开幕，今年的主题是"品牌新力量，品质新生活"。

今年中国品牌日的活动规模为创办七届以来最大的一次。活动时间由此前的3天延长至5天，展览面积扩大至近6万平方米，场地从上海展览中心转为上海世博展览馆，吸引了超过1900家企业线上线下参加。

活动期间，除举行1场主论坛和12场分论坛外，展览现场还将组织集章打卡、现场发布、游戏互动等活动。

（2023年5月10日中央电视台《新闻联播》）

任务拓展

1.请重新编排例稿，制作一期经济、科教新闻节目音频，时长5分钟。

2.请以"城市居民消费热点"为主题，提交一份采访提纲，并根据该提纲，以小组为单位进行采访、编辑、播音，制作一期经济新闻节目视频。要求稿件编排合理，播报态度与分寸恰当，时长4分钟。

问题思考

1.如何理解经济、科教新闻播报的态度分寸？

2.结合自己的实际情况，谈谈如何进行经济、科教新闻播报的训练，交流学习方法。

评价方法

考核表

考核模块	考核内容	考核方式	考核点	分值
（一）知识与技能目标	1. 对经济、科教新闻理论知识进行回顾、总结。	理论测验	1. 准确说出经济、科教新闻播报态度分寸处理的重要性。	10
	2. 对一组经济、科教新闻例稿进行模拟播报。	技能训练	2. 掌握经济、科教新闻播报态度分寸控制的方法； 3. 基调正确，重点突出； 4. 情感充沛，态度鲜明； 5. 语言规范，播报规整流畅。	20
	3. 自选素材，策划一期经济、科教新闻节目，采访、编辑、播音，制作出节目成品，时长 5 分钟。	作品评审	6. 运用经济、教科新闻播报的态度分寸控制的方法播报经济、科教新闻； 7. 节目导向、播音基调正确，重点突出； 8. 语言规范，语言规整，播报流畅； 9. 态度鲜明，语义清晰，节奏明快， 10. 策划、文稿、稿签齐全，节目编排合理，制作精良。	50
（二）过程与方法目标	4. 合作完成节目成品的过程表现。	综合评价	1. 获取、搜集、整理信息，甄选有价值的信息； 2. 制订、实施工作计划； 3. 分析、发现、解决问题； 4. 具有运用理论知识的能力； 5. 及时完成工作任务。	10
（三）情感、态度、价值观目标	5. 出勤纪律、工作态度（违反第一条，10 分全无）。		1. 遵守工作纪律，自我约束力强，不迟到、早退、旷课； 2. 有职业道德和社会责任感； 3. 有较强的新闻敏感性，有一定的新闻工作者的人文关怀意识； 4. 语言沟通能力、组织协调能力强，与团队成员团结协作，共同完成工作任务； 5. 实事求是地完成工作评价，给出合理分值。	10
评分标准：优 90—100 分，良 80—89 分，及格 60—79 分 总分 = 自我评分（20%）+ 小组评分（30%）+ 教师评分（50%）				
改进建议				

任务 4 经济、科教新闻播报综合训练

学习目标：掌握、巩固经济、科教新闻播报的定义、播报特点、语言特征、态度分寸控制等理论知识；熟练运用经济、科教新闻播报的备稿方法及播报技巧进行经济、科教新闻播报。

课堂训练

例稿 1.51

一组经济简讯

第133届广交会助力乡村振兴

正在举行的第 133 届广交会第三期，乡村振兴特色产品展区吸引了众多企业参展，大家通过广交会推介产品、拓展市场，助力乡村振兴。

本届广交会第三期"零门槛""零费用"支持乡村振兴企业参展，惠及乡村振兴企业 171 家，包括了食品、工艺品、医药保健品、休闲用品等 13 个类别。

广交会期间还举办了棉纺织业专场推介活动，100 多家国内外采购商参与洽谈合作，现场签约意向金额达 5.7 亿元。

此外，本届广交会为乡村振兴企业提供了外贸专业知识辅导、现场免费翻译服务等，多措并举帮助企业提升外贸发展能力。

（2023 年 5 月 4 日中央电视台《新闻联播》）

我国风电光伏发电总装机突破8亿千瓦

国家能源局今天（5 月 25 日）发布数据显示，截至今年 4 月底，我国风电装机 3.8 亿千瓦，光伏发电装机 4.4 亿千瓦，风电光伏发电总装机突破 8 亿千瓦，达到 8.2 亿千瓦，占全国发电装机的 30.9%，其中风电占 14.3%，光伏发电占 16.6%。今年 1—4 月，全国风电光伏发电量达到 4828 亿千瓦时，同比增长 26.8%，占全社会用电量的 17.2%，较去年同期增长 3 个百分点。

随着我国电源结构加快由以煤为主向多元化、绿色化转变，风电光伏发电总装机突破 8 亿千瓦，将为中国经济高质量发展提供持续动能。

（2023 年 5 月 25 日中央电视台《新闻联播》）

南水北调东中线一期工程通过完工验收

南水北调中线穿黄工程和焦作 1 段工程今天（8 月 25 日）通过由水利部主持的完工验收，这标志着南水北调东中线一期工程 155 个设计单元全部通过验收，工程全线转入正式运行阶段。

此次通过验收的中线穿黄工程是南水北调的标志性、控制性工程。工程在黄河主河床下方穿越黄河，是我国首次运用大直径盾构施工穿越大江大河的工程，也是南水北调中线工程的咽喉项目。

南水北调东中线一期工程通水近 8 年来，截至目前已累计调水超过 560 亿立方米，受益人口超过 1.5 亿，发挥了显著的经济、社会和生态效益。

（2022 年 8 月 25 日中央电视台《新闻联播》）

首单液化天然气跨境人民币结算交易完成

记者昨天从中国海油获悉，我国首单以人民币结算的进口液化天然气采购交易在上海达成，标志着我国在油气贸易领域的跨境人民币结算交易探索迈出实质性一步。据了解，此单交易是中国海油与道达尔能源在上海石油天然气交易中心达成的，液化天然气资源来自海合会国家阿联酋，以人民币结算的进口液化天然气成交量约 6.5 万吨。海关总署数据显示，2022 年我国进口原油超过五亿吨，进口天然气超过一亿吨，其中液化天然气进口量为 6344 万吨。

（2023 年 3 月 30 日中央电视台《朝闻天下》）

例稿1.52

一组科技简讯

空间站梦天实验舱与空间站组合体在轨完成交会对接

10 月 31 日 15 时 37 分，中国空间站梦天实验舱在海南文昌航天发射场发射升空，历时约 13 小时后，于今天（11 月 1 日）4 时 27 分，成功对接于天和核心舱前向端口。

后续将按计划实施梦天实验舱转位，梦天实验舱将与天和核心舱、问天实验舱形成空间站"T"字基本构型组合体。

（2022 年 11 月 1 日中央电视台《新闻联播》）

今年5G网络建设已提前超额完成任务

记者从工业和信息化部了解到，今年我国 5G 网络建设已提前超额完成任务。

截至 9 月末，我国 5G 基站总数达 222 万个，比计划超额完成 22 万个。

中国电信与中国联通也已联合建成全球最大的 5G 共建共享网络，实现重点乡镇及以上区域连续覆盖。此外，5G 移动电话用户达 5.1 亿户，比上年末净增 1.55 亿户，占移动电话用户的 30.3%。如今，5G 正在工业、医疗、教育、交通等多个行业领域发挥赋能效应，覆盖国民经济 97 个大类中的 40 个。中国信息通信研究院测算，到 2025 年，我国 5G 网络建设投资达 1.2 万亿元，将累计带动超过 3.5 万亿元相关投资。

（2022 年 11 月 1 日中央电视台《新闻联播》）

我国"海斗一号"全海深潜水器成功进行万米海试

今天（6 月 8 日），我国"探索一号"科考船完成马里亚纳海沟深渊科考任务后顺利返港。在航次中，由中科院沈阳自动化所主持研制的全海深自主遥控潜水器"海斗一号"完成了首次万米海试与试验性应用任务，取得多项重大突破，填补了我国万米级作业型无人潜水器的空白。

在马里亚纳海沟，"海斗一号"实现 4 次万米下潜，最大下潜深度达 10,907 米，再次刷新我国潜水器最大下潜深度纪录。科考中，"海斗一号"完成了对"挑战者深渊"全球最深区域的巡航探测与高精度深度测量，获取了关键数据；并利用其搭载的全海深机械手完成了多次万米深渊坐底作业、深渊海底样品抓取、标志物布放等科考任务，为我国深渊科学研究提供了一种全新的技术手段。

（2020 年 6 月 8 日中央电视台《新闻联播》）

我国第一座深远海浮式风电平台启航

今天（3 月 26 日）上午，我国首座深远海浮式风电平台——"海油观澜号"在广东珠海福陆码头启航，前往海南文昌海域，为海上油田群供电。

"海油观澜号"装机容量 7.25 兆瓦，整体高度超 200 米，吃水总重达 11,000 吨。叶轮直径 158 米，转动一圈的面积相当于 2.7 个标准足球场的大小。风机所发电力通过动态海缆接入海上油田群电网用于油气生产，年发电量可达 2200 万千瓦时。

（2023 年 3 月 26 日中央电视台《新闻联播》）

例稿1.53

一组教育简讯

"元旦京港澳天宫对话"活动今天举行

新年第一天，北京、香港、澳门的青年学子跨越时空欢聚一堂，与航天员和航天科技工作者进行了一场仰望星空的"天宫对话"。

此次活动设置有北京主会场和香港、澳门两个分会场，以"梦想""奋斗"为关键词。北京、香港和澳门共 500 多名青年学子与航天专家和神舟十三号航天员乘组展开实时连线交流。

天地对话环节，三名航天员结合自身飞天感受，回答同学们的提问，并进行了"青春与星空对话"天宫画展，20 余幅中西部地区青少年创作的太空主题绘画作品亮相中国"天宫"。

（2022 年 1 月 1 日中央电视台《新闻联播》）

全国文物行业职业技能大赛今天开赛

今天（3 月 25 日）上午，国家文物局、人力资源社会保障部、中华全国总工会共同主办的全国文物行业职业技能大赛在山西太原开赛。来自全国的 219 名选手同台竞技。比赛设立木作、泥瓦作、陶瓷、壁画彩塑和金属文物修复师、考古探掘工 6 个项目。大赛突出在真实场景下，考查选手的修复技能。比如选取带有粉末状锈蚀病害的青铜器文物本体用于比赛，此类病害被称为青铜器的"癌症"，真实反映选手的临场应变和技能水平。

（2023 年 3 月 25 日中央电视台《新闻联播》）

"万企进校园"春季招聘累计举办8.1万多场

教育部部署各地各高校自 2 月开展"春季促就业攻坚行动"以来，"万企进校园"线下大型招聘活动已累计举办 8.1 万多场，参会企业 95 万多家，提供岗位信息 1900 多万个。

（2023 年 4 月 13 日中央电视台《新闻联播》）

第五届中华经典诵写讲大赛在浙江启动

今天（4 月 13 日），第五届中华经典诵写讲大赛在浙江金华启动，大赛以"书香新时代，'典'亮新征程"为主题，设置诵读、讲解、书写、篆刻等比赛项目，提升社会大众特别是广大青少年的语言文字应用能力和语言文化素养。

（2023 年 4 月 13 日中央电视台《新闻联播》）

例稿1.54

一组国内联播快讯

4月份居民消费价格指数同比小幅上涨

国家统计局今天(5月11日)发布数据,4月份,市场供应总体充足,消费需求逐步恢复,全国居民消费价格指数CPI同比上涨0.1%。

4月全国高速公路交通量同比增长61%

交通运输部数据显示,4月全国路网交通量较上月小幅增长,环比增幅为5%。高速公路交通量环比增幅为12%,同比增长61%,增幅较上月扩大30个百分点。普通公路运行平稳有序,交通量同比增幅为28%。

国家邮政局等部门启动平安寄递专项行动

今天(5月11日),国家邮政局、中央政法委、中央网信办、最高人民检察院等17个部门联合启动平安寄递专项行动。专项行动持续6个月,将集中整治寄递渠道安全隐患,严厉打击违法寄递行为。

我国配备专(兼)职心理健康教育教师的学校比例将达95%

近日,教育部等17部门联合印发《全面加强和改进新时代学生心理健康工作专项行动计划(2023—2025年)》。普通高校要开设心理健康必修课。中小学每校至少配备1名专(兼)职心理健康教育教师。到2025年,我国配备专(兼)职心理健康教育教师的学校比例达到95%。

第七届世界智能大会5月18日在天津召开

记者今天(5月11日)在第七届世界智能大会新闻发布会上获悉,本届大会将于5月18日至21日在天津举办。会议以"智行天下 能动未来"为主题,将重点关注人工智能发展的新趋势、新技术、新业态。

杭州亚运会电力运行保障指挥平台上线

杭州亚运会电力运行保障指挥平台正式上线运行,平台接入了3万多套在线监测装置,可实现全部56个竞赛场馆、31个训练场馆等的电力数据实时监控,并对浙江全省电力抢修队伍、特种车辆等进行智能调配,反应时间缩短80%以上。

(2023年5月11日中央电视台《新闻联播》)

例稿1.55

国家航天局发布我国深空探测任务规划

国家航天局近日发布了我国深空探测任务规划。探月工程四期将完成月球科研站基本型建设，后续还将开展火星采样及其他行星探测，中国航天探索将迈向更远深空。

国家航天局表示，我国探月工程四期包括嫦娥六号、嫦娥七号和嫦娥八号任务，其中，嫦娥六号计划于2025年前后发射，将执行月球背面采样返回任务。嫦娥七号计划着陆于月球南极，开展飞跃探测。嫦娥八号任务将与嫦娥七号组成月球科研站的基本型。

国家航天局表示，未来10—15年，我国还将开展火星采样、小行星采样，木星、天王星等行星探测。后续，我国探测器还将前往太阳系边缘进行科学探测。

（2022年11月26日中央电视台《新闻联播》）

例稿1.56

白鹤滩水电站全面投产　世界最大清洁能源走廊全面建成

今天（12月20日），世界在建规模最大、综合技术难度最高的水电工程——白鹤滩水电站最后一台百万千瓦机组投产发电，这标志着世界最大清洁能源走廊全面建成。

白鹤滩水电站位于四川省宁南县和云南省巧家县交界处金沙江干流河段，是实施"西电东送"的国家重大工程。电站总装机容量1600万千瓦，仅次于三峡工程，位居世界第二。

白鹤滩水电站工程规模巨大，地质条件复杂，工程地处金沙江干热河谷地带，综合技术难度位居世界第一。白鹤滩水电站左右两岸共布置16台单机容量100万千瓦水轮发电机组，是目前世界上单机容量最大的水轮发电机组。机组水力设计、电磁设计、通风冷却、高性能材料研发应用达到世界领先水平。

金沙江上，白鹤滩水电站与已建成的乌东德、溪洛渡、向家坝、三峡、葛洲坝等6座世界级巨型梯级电站构建了世界最大清洁能源走廊，总装机容量相当于3个三峡电站的装机容量。

一滴水发6次电，世界最大清洁能源走廊实现了长江流域水力资源的最大化利用。截至目前，6座巨型电站累计发电量超3.18万亿千瓦时，减排二氧化碳约25亿吨。

（2022年12月20日中央电视台《新闻联播》）

例稿1.57

美欧未就美《通胀消减法案》达成共识

欧盟和美国官员17日在布鲁塞尔就美《通胀削减法案》展开磋商,双方没有达成共识。美去年出台的《通胀削减法案》中的本土补贴政策被指是贸易保护主义做法,欧洲官员指责美国以损害欧洲利益的方式解决其自身问题,将采取行动回击。

（2023年1月18日中央电视台《新闻联播》）

例稿1.58

国际社会积极评价中国经济发展

在正在举行的世界经济论坛2023年年会上,多位国际人士表示,中国经济稳健发展对全球至关重要,他们看好中国经济发展前景。

多国人士表示,中国经济的稳定表现来自于中国科学有效的宏观经济政策,以及中国高效统筹疫情防控和经济社会发展。

多国人士表示,对中国经济发展前景保持信心。

（2023年1月19日中央电视台《新闻联播》）

例稿1.59

"东数西算"工程进入全面建设阶段

记者从国家发展改革委了解到,截至目前,"东数西算"工程的8个国家算力枢纽节点建设已全部开工,"东数西算"工程从系统布局进入全面建设阶段。

在甘肃,庆阳国家数据中心集群开工建设,建成后将重点服务京津冀、长三角、粤港澳大湾区等区域的算力需求,打造面向全国的算力保障基地。在已经开工的8个国家算力枢纽中,今年新开工的数据中心项目近70个。其中,西部新增数据中心的建设规模超过60万机架,同比翻了一番。至此,国家算力网络体系架构初步形成。

"东数西算"工程自启动至今,全国新增投资超过4000亿元,整个"十四五"期间,将累计带动各方面投资超过3万亿元。

（2023年3月17日中央电视台《新闻联播》）

例稿1.60

第133届广交会：中国制造迈向全球价值链中高端

正在举行的第133届广交会上，参展企业中，制造业单项冠军、国家级高新技术企业等达到了5700家，创历史新高，中国制造正在向全球价值链中高端迈进。

超一级能效智能微波炉、智能AI空调……广交会家电展区，众多科技含量高、应用新颖的高端智能产品，为智慧生活提供了系统解决方案，突出的性能也吸引了不少海内外采购商。

本届广交会发布的新品中，绿色、智能类科技产品格外亮眼，更多5G、AI技术的应用，向世界展示出中国"智造"的创新实力。

在新设立的新能源及智能网联汽车展区，汇聚了新能源汽车产业链上中下游292家企业，特别是制造业单项冠军、专精特新"小巨人"企业的涌现，使我国新能源汽车产业竞争力大幅增强。今年一季度，我国新能源汽车出口24.8万辆，同比增长110%。

（2023年4月17日中央电视台《新闻联播》）

例稿1.61

我国光伏产业运行良好，各环节产量又创新高

记者从工业和信息化部了解到，今年1—2月，我国光伏产业运行良好，各环节产量又创新高。据测算，全国多晶硅、组件产量同比增长均超过60%，晶硅电池产品出口同比增长超过156%。目前，我国光伏行业制造、装机量、发电量三项均居世界第一。2012年至2022年十年间，我国光伏组件累计出口额超过2200亿美元，已出口全球200多个国家和地区。

（2023年3月30日中央电视台《新闻联播》）

例稿1.62

湖南桑植：民俗体验游成热点

今天是五一假期的第一天，记者从中国旅游研究院了解到，今年五一假期旅游人次有望突破2019年同期水平，达到两亿四千万人次，其中部分热门城市一票难求，全国各大热门旅游目的地预计都将会迎来超高客流。

在湖南张家界，桑植白族三月街民俗文化活动现场，身着民族服装的白族同胞举行民俗活动游神，随后欢快喜庆的白族霸王鞭、千人齐跳的白族仗鼓舞轮番上演，现场游客们在体验桑植白族特色的民俗风情同时，还能体验到国家级非遗项

目一苦二甜三回味的白族三道茶。

（2023 年 4 月 29 日中央电视台《中国新闻》）

任务拓展

1.对上述例稿进行重新编排,上镜播音,制作一期新闻播音节目。

2.请以小组为单位,采访撰写一条教育新闻,再从网上搜集并编辑经济、科教新闻各三条,共同写作一期《新闻在线》节目的策划文稿,并完成播音。

小提示:要求稿件编排合理,播报时能够运用恰当的语言技巧,体现经济、科教新闻播报的语言特点,正确把握播报的态度分寸。

评价方法

考核表

考核模块	考核内容	考核方式	考核点	分值
（一）知识与技能目标	1. 对经济、科教新闻理论知识进行回顾、总结。	理论测验	1. 准确说出经济、科教新闻的含义、播报特点、备稿方法、态度分寸处理的重要性。	10
	2. 选择例稿进行播报,依据例稿策划一期经济、科教新闻节目,完成上镜播音。	技能训练	2. 掌握经济、科教新闻播报的方法; 3. 基调正确,重点突出; 4. 情感充沛,态度鲜明; 5. 语音规范,播报流畅。	20
	3. 以小组为单位,自选素材、策划、制作一期经济、科教新闻节目,时长 5 分钟。	作品评审	6. 运用经济、教科新闻播报的方法播报经济、科教新闻; 7. 节目导向、播音基调正确,重点突出; 8. 语音规范、语言规整、播报流畅; 9. 态度鲜明、语义清晰,节奏明快; 10. 策划、文稿、稿签齐全,节目编排合理、制作精良。	50
（二）过程与方法目标	4.合作完成节目成品的过程表现。		1. 获取、搜集、整理信息,甄选有价值的信息; 2. 制订、实施工作计划; 3. 分析、发现、解决问题; 4. 具有运用理论知识的能力; 5. 及时完成工作任务。	10
（三）情感、态度、价值观目标	5.出勤纪律、工作态度(违反第一条,10 分全无)。	综合评价	1. 遵守工作纪律,自我约束力强,不迟到、早退、旷课; 2. 有职业道德和社会责任感; 3. 有较强的新闻敏感性,有一定的新闻工作者的人文关怀意识; 4. 语言沟通能力、组织协调能力强,与团队成员团结协作,共同完成工作任务; 5. 实事求是地完成工作评价,给出合理分值。	10
评分标准: 优 90—100 分,良 80—89 分,及格 60—79 分 总分 = 自我评分(20%)+ 小组评分(30%)+ 教师评分(50%)				
改进建议				

项目三　文娱、体育新闻播报

任务1　文娱、体育新闻播报的备稿

课前热身（复述新闻）：认真复述下面这条新闻，注意语言清晰流畅，节奏、重音准确，辅以合适的体态语。

"00后"视障女孩，歌声里全是光

近日，"00后"女孩安峪走进了大众视野。在一档综艺节目中，她以极具个人风格的嗓音，演唱了一首旋律空灵婉转、歌词饱含感情的歌曲，惊艳四座。

但对于有着视觉障碍的安峪来说，在舞台上表演、在公众视野中歌唱，是极具挑战性的。幼时的一场高烧，导致安峪视力受损。在和病痛的对抗中，她开始学习音乐和作曲，并写出120首原创歌曲。她说："我愿意用更热烈的方式，将世界传达给我的情感交还给世界。用音乐，用我的文字。"

（2023年7月9日央视新闻网）

学习目标：了解文娱、体育新闻的定义，掌握文娱、体育新闻的播报特点及备稿方法，运用正确的备稿方法对一组文娱、体育新闻进行准备。

案例导入：达子同学在电视台实习的时候，把自己做的娱乐新闻播报的样片作为自荐作品交给制片人，得到反馈的意见是：感觉像播报时政新闻。达子很苦恼，她觉得自己已经很努力了。你认为达子同学的问题主要出在哪里？文娱、体育新闻播报有什么特点？应该如何准备？

一、文娱、体育新闻的含义

文娱、体育新闻是指在大众传播媒介上发布的与文化娱乐或体育相关的新近发生、发展的事实的报道。

二、文娱、体育新闻播报的特点

文娱新闻播报节奏较快，语言有跳跃感，富有感染力，副语言运用灵活，表现形式较为活泼。比如中央电视台电影频道的《中国电影报道》等。

体育新闻播报节奏感强、语速较快、专业性强,有激情、有活力。如中央电视台体育频道的《体育新闻》等。

三、文娱、体育新闻备稿的要求

在播报文娱、体育新闻前必须进行备稿,要求分析稿件准确,备稿六步齐全,认真写出分析笔记。

课堂训练

例稿1.63

电影《跨过鸭绿江》在各地热映

近日,由中央广播电视总台出品、全景展现伟大抗美援朝战争的电影《跨过鸭绿江》在全国热映。多地观众走进影院观影,重温那段波澜壮阔的历史。

在河南,几位志愿军老战士特意穿上军装、戴上军功章走进影院,一场场荡气回肠的战斗把大家带回当年那段峥嵘岁月。

中部战区驻天津某部"松骨峰特功连""飞虎山特功连"的官兵们集体观看影片《跨过鸭绿江》,该部队装甲步兵3连在抗美援朝松骨峰战斗中全连战至仅剩7人,成功阻击美军1个团,击毙敌人500余人。

在中国人民志愿军特等功臣、特级英雄黄继光的故乡四川德阳中江县,人们掀起观影热潮,表示要继续传承先辈的革命精神。

影片还吸引了许多年轻观众,大家被志愿军战士们英勇顽强、舍生忘死的革命精神深深感动。

(2021年12月25日中央电视台《新闻联播》)

例稿1.64

探索科幻另一种可能,《宇宙探索编辑部》发布幕后特辑(节选)

影片导演孔大山说,大特效、大制作、大投资,《宇宙探索编辑部》一个都没有。如果说,《流浪地球2》是科幻电影的天花板,那么《宇宙探索编辑部》就是科幻电影的地板砖。不过啊,就是这样一部成本不高的电影,目前呢已经获得了猫眼9.2分、豆瓣8.5分的高口碑。更可喜的是,它在上映15个小时之后,票房破了千万。贾樟柯导演还发文感叹:市场在进步。像这样创意活泼、主题严肃的处女作，一开始就获得不错的市场反馈，就像贾樟柯导演所说，中小成本影片呢可以用独特的创意来吸引观众。《宇宙探索编辑部》取材自现实中一则关于外星人的新闻，这个有点荒诞的新闻呢，让导演脑洞大开。

……

影片灵感来源于现实，所以呢，从演员造型到片中编辑部的场景设计都很接地气，特别强调真实感。巧合的是，这个编辑部的取景地，就是十几年前郭帆拍摄《李献计历险记》的地点，这也让他感受到中国电影的生生不息。其实呢，电影人的团结，也给《宇宙探索编辑部》带来了很多的帮助。

（2023 年 4 月 3 日中央电视台《中国电影报道》）

例稿1.65

庆祝中国共产党成立100周年——"唱支山歌给党听"主题快闪走进湖南十八洞村

庆祝中国共产党成立100周年"唱支山歌给党听"主题快闪今天（6 月 22 日）走进的是湖南省花垣县十八洞村。脱贫攻坚以来，十八洞村实事求是、因地制宜、分类指导、精准扶贫。2020 年，全村人均纯收入达到了 18,369 元，成为了精准扶贫示范村。

（2021 年 6 月 22 日中央电视台《新闻联播》）

例稿1.66

"各族儿女心向党"歌舞晚会在京上演

"各族儿女心向党"歌舞晚会昨晚（7 月 5 日）在北京民族剧院上演。晚会以庆祝建党百年为主题，以中国文联、中国音协、中国舞协"深入生活、扎根人民"主题实践活动为依托，集中呈现近年来组织知名音乐、舞蹈艺术家赴全国多地开展采风创作的 13 部优秀音乐舞蹈作品。其中，舞蹈《第一书记》根据定点帮扶甘肃陇南武都区真人真事创作而成，歌舞《唱支山歌给党听》再次唱响各族人民对党的深情厚谊。240 多名文艺工作者用音符、舞姿讲述动人故事，演绎美好生活。

（2021 年 7 月 6 日中央电视台《新闻联播》）

训练提示：通过对文娱新闻节目口播内容的模仿练习，体会文娱新闻播报的语速、表现方式，了解文娱新闻播报的特点。播报时应注意语言亲切随和，播报状态热情大方、具有感染力,把握好与观众沟通交流的状态。

在熟悉稿件时,要认真体会和区分文娱新闻与时政新闻、民生新闻不同的播报方式,并通过练习不断强化。

理解稿件内容,做到叙事清楚、有感染力。

例稿1.67

十连胜! 中国女排提前一轮卫冕女排世界杯

今天(28日)下午在日本大阪进行的女排世界杯第十轮比赛中,中国女排直落三局以3∶0战胜塞尔维亚队女排,取得本次比赛的十连胜,从而提前一轮卫冕2019女排世界杯冠军。这同时也是中国女排历史上获得的第十个世界冠军。

明天(29日)最后一场比赛,中国女排将对阵阿根廷女排。

(2019年9月28日中央电视台《新闻联播》)

例稿1.68

北京冬残奥会各项赛事圆满收官

今天(3月13日)是北京冬残奥会最后一个比赛日,在越野滑雪混合接力4×2.5公里的比赛中,由单怡霖、王晨阳、郑鹏和蔡佳云组成的中国队获得了一枚银牌。在高山滑雪男子回转站姿组的比赛中,梁景怡获得一枚银牌。此外,在昨晚结束的残奥冰球比赛中,首次参赛的中国残奥冰球队以4∶0战胜韩国队,夺得一枚铜牌,创造历史。

在昨晚的张家口颁奖广场,中华人民共和国国歌五次奏响。

(2022年3月13日中央电视台《新闻联播》)

训练提示:通过对体育新闻节目口播内容的模仿练习,体会体育新闻播报的语速、表现方式,了解体育新闻的播报特点。播报时应注意语速偏快,播报节奏感强,专业性强,有激情、有活力,把握好与观众沟通交流的状态。

在熟悉稿件时,要认真体会和区分体育新闻与时政新闻、民生新闻不同的播报方式,并通过练习不断强化。

理解稿件内容,做到叙事清楚、有感染力。

任务拓展

1.对上述文娱、体育新闻进行重新编排，注意稿件前后顺序和编排的合理性，运用备稿六步方法对其中一条稿件进行详细分析，写出分析笔记。

2.根据课堂训练例稿，撰写一份5分钟的文娱、体育新闻节目策划文案（含策划、新闻文稿），并制作一期完整的新闻音频节目。

问题思考

1.如何播报好文娱、体育新闻？

2.文娱、体育新闻的播报特点与其他类型的新闻播报特点有何不同？

评价方法

考核表

考核模块	考核内容	考核方式	考核点	分值
（一）知识与技能目标	1. 对文娱、体育新闻播报理论知识进行回顾、总结。	理论测验	1. 准确说出文娱、体育新闻的含义、播报特点、备稿方法、态度分寸处理的重要性。	10
	2. 对文娱新闻例稿、体育新闻例稿进行模拟播报。	技能训练	2. 掌握文娱、体育新闻播报特点及备稿方法； 3. 播报语言规范，节目对象感强； 4. 播报语言富有节奏感，新鲜感强； 5. 播报状态积极，感染力强。	20
	3. 以小组为单位，策划、采访、拍摄、撰稿、编辑、播音，制作一期文娱、体育新闻音频节目，时长5分钟。	作品评审	6. 运用文娱、体育新闻播报的备稿方法对文娱、体育新闻进行准备； 7. 策划、文稿、稿签齐全； 8. 节目导向、基调正确、重点突出； 9. 语音规范，播报活泼，有激情； 10. 节目编排合理，制作精良。	50
（二）过程与方法目标	4. 合作完成节目成品的过程表现。	综合评价	1. 获取、搜集、整理信息，甄选有价值的信息； 2. 制订、实施工作计划； 3. 分析、发现、解决问题； 4. 具有运用理论知识的能力； 5. 及时完成工作任务。	10
（三）情感、态度、价值观目标	5. 出勤纪律、工作态度（违反第一条，10分全无）。		1. 遵守工作纪律，自我约束力强，不迟到、早退、旷课； 2. 有职业道德和社会责任感； 3. 有较强的新闻敏感性，有一定的新闻工作者的人文关怀意识； 4. 语言沟通能力、组织协调能力强，与团队成员团结协作，共同完成工作任务； 5. 实事求是地完成工作评价，给出合理分值。	10
评分标准：优90—100分，良80—89分，及格60—79分 总分 = 自我评分（20%）＋小组评分（30%）＋教师评分（50%）				
改进建议				

任务2 文娱新闻播报

课前热身: 就"电子书比纸质书好"这一话题分小组展开辩论,要求观点明确,语言流畅,辩论有理有据,时长8分钟。

地坛书市9月8日至18日回归(节选)

"我与地坛"北京书市将于9月8日至18日在地坛公园举办。地坛书市重启,将作为2023北京文化论坛配套活动,进一步扩大北京书市影响力,为北京文化论坛营造浓厚的书香氛围。

地坛是千年古都的九坛之一,至今已有470余年历史,是传统文化地标式建筑。地坛也是史铁生先生在致残后的人生低谷期时常思考人生、寻找生命意义的地方,是支撑他身残志坚、奋进不止的精神家园,他创作的《我与地坛》《我的遥远的清平湾》等名篇享誉文坛。地坛书市拥有数量庞大的"粉丝群",具有良好的群众基础。本届书市以"我与地坛"为主题,契合了史铁生先生的人生态度和精神追求,对于当代青年具有十分重要的启迪、校正和引领作用。

(2023年9月6日《北京青年报》,记者张恩杰)

学习目标: 了解文娱新闻的播报特点,掌握文娱新闻播报的副语言,运用文娱新闻副语言技巧进行文娱新闻播报。

案例导入: 某电视台娱乐频道招聘娱乐新闻主播,王静和鸣子前去应试。他们都比较流畅地完成了娱乐新闻播报,不同的是王静加入了一些副语言。制片人对王静的整体状态比较满意,决定留用王静在台里实习。你认为制片人选择王静实习的理由是什么?文娱新闻应该如何播报?

一、文娱新闻的播报特点

文娱新闻播报节奏较快,语言有跳跃感,富有感染力,副语言运用灵活,表现形式较为活泼。

二、文娱新闻的副语言

文娱新闻播报语气要轻快、热情、自然,主持词相对口语化,同时也要适当地添加副语言。副语言包括眼神、面部表情、体态等。副语言传播渲染着整个文娱新闻节目的色彩，体现其整体的基调，在文娱新闻节目中起着不容忽视的作用。

课堂训练

例稿1.69

中国电影报道（节选）

刚刚结束的一周，电影市场共收获 5.31 亿元票房，动画电影《铃芽之旅》以 2.13 亿元票房蝉联周榜冠军，《保你平安》势头不减，再度夺得亚军，上周末新上映的电影《忠犬八公》位列第三，《龙与地下城：侠盗荣耀》与《不能错过的只有你》，两部新片分列第四、第五名。

中国电影制片人协会主题党日活动在巫山展开

近日，中国电影制片人协会组织刘之冰、刘佳等影视人，走进重庆巫山下庄村，看下庄天路全貌，进愚公讲堂和村使馆，详细了解下庄人民如何不畏艰险，将一条 8 公里的天路修通的事迹。随后，全国脱贫攻坚楷模毛相林，为影视人讲党课，一同重温入党誓词，

电影《凤鸣飞天》剧本研讨会在江西崇仁召开

近日，浪漫轻喜剧电影《凤鸣飞天》剧本研讨会在江西崇仁召开，影片以返乡创业、生态文明建设为主题，从地方特产崇仁麻鸡的动物视角，讲述主人公在乡村振兴的道路上，克服种种困难，最终收获事业、爱情与生活的励志故事。

电影《南湖女儿》在浙江嘉兴举行首映礼

日前，由张博维执导的电影《南湖女儿》在浙江省嘉兴市举行首映礼。该片以嘉兴市嘉善潮书记为原型，讲述了乡村基层干部陈慧萍坚持服务于民，通过 16 年的努力，带领大家将一个"问题村"建设成为经济与精神双文明的"和谐村"的动人故事。

......

更多精彩内容请关注 1905 电影网，下载 1905 电影网客户端，新片、大片 24 小时直播。

好了，今天节目就到这里，明天 22 点整，欢迎您继续收看《中国电影报道》。

（2023 年 4 月 3 日中央电视台《中国电影报道》）

例稿1.70

乌兰牧骑：永远做草原上的"红色文艺轻骑兵"

牢记总书记的嘱托，内蒙古乌兰牧骑始终把扎根基层、服务群众作为自身鲜亮的底色，把党的声音和关怀传遍草原牧区。

最近，乌兰牧骑"送欢乐，送文明"基层服务活动，在内蒙古各地陆续启动。全区75支乌兰牧骑3000多名队员为地处偏远的农牧民群众，送去一场场精彩纷呈的文艺演出。

1957年6月17日，在锡林郭勒盟苏尼特右旗草原上成立了第一支乌兰牧骑。64年来，乌兰牧骑从最初的9个人、两辆勒勒车、4件乐器的小队伍，成长为全国文艺战线的一面旗帜。

扎根人民、扎根基层、扎根生活，乌兰牧骑找到了文艺创作的源泉。近年来，一大批反映现实题材的艺术创作，得到了农牧民群众的认可和喜爱。

新时代，在内蒙古各行业大力弘扬乌兰牧骑优良传统，数以千计的乌兰牧骑新队伍不断拓展和延伸着乌兰牧骑的生命力。

（2021年11月21日中央电视台《新闻联播》）

例稿1.71

何以中国？这部纪录片邀你一起作答

《主播说联播》，今天我来说。今天要给大家推荐一部纪录片——由总台打造的大型系列纪录片《寻古中国》今晚在央视综合频道开播。

这个系列的首部叫《古滇记》，探寻的是古滇国的历史。"滇"，大家都知道是云南的简称，彩云之南是人们向往的诗和远方。那么古滇国是一个怎样的存在呢？翻开历史，我们往前追溯，2000多年前古滇人在滇池这一带建立了古滇国。古滇人的生活到底怎么样？这部纪录片的一大亮点就是运用了很多新技术，把视角直接带到考古现场，通过3D扫描、XR等技术进行场景再现，让人仿佛穿越千年，来到古滇人生活的场景中，沉浸式地感受到古代版的"彩云之南"。这个系列除了《古滇记》之外，还有《古蜀记》《玉石记》《寻夏记》《云梦记》《稻谷记》《河洛记》等多部节目。视觉精品、文化盛宴，值得期待。

当然，寻古是为了问今，溯源是为了流长。在古滇国的历史中，有一枚"滇王金印"举世瞩目。纪录片也首次披露了一些宝贵文物，比如不韦丞印封泥等。这些文物以及很多考古证据都充分表明，古滇文化很早就汇入了多元一体的中华文明。实际上，无论是之前闻名中外的三星堆遗址考古，还是古滇国的历史，背后都有一个主题，那就是中华文明多元一体，根深叶茂，从未断流。寻古中国，蕴含着"知来处、明去处"的东方智慧。何以中国？《寻古中国》正在追溯，邀您一起作答。

（2023 年 5 月 26 日《央视新闻·主播说联播》）

例稿1.72

端午文创走俏　传统文化创新表达

传统文化，创新表达。今年端午节，各地的端午文创产品十分走俏，人们在丰富多样的端午文创产品中感受中华优秀传统文化的创新活力。

佩香囊、戴香包。这个端午假期，创意十足的文创产品在杭州走俏。像这款香囊，别看它体形小，却集合了三种非遗元素：布料是浙江的土布纺织，刺绣来自青海绣娘的传统技法，而木船、开口笑等图案选自流传于云南的民歌集《坡芽歌书》。

第一批 4000 多个小香囊端午节前就被抢购一空，这两天，当地又追加制作 1 万多个。

小物件、大文化，端午文创在各地延续传承，不断创新。苏州博物馆新推出的"端阳瓶安粽香礼盒"，灵感源于馆藏文物《端阳墨花轴》。礼盒里的端阳瓶安挂件、小辰光粽子糖零钱包等文创产品，累计销量 2 万多件。西安的这家陶艺博物馆里，几款萌萌的"瑞兽艾虎"很受欢迎，看上去这些小老虎有些威猛，其实，灵感却源自非遗项目关中花馍。

在北京，象征东、西、南、北、中五种颜色的五彩绳也成为新的时尚饰品。这两天，不仅五彩绳相关的文创产品线上、线下销售火爆，不少市民还专门学习结绳编织技艺。

在湖南汨罗江故道，这里的书签、油纸伞、捏面人等各种文创产品都加入了屈原的形象，成为人们纪念屈原、表达家国情怀的一种方式。

（2023 年 6 月 23 日中央电视台《新闻联播》）

训练提示：
1.练习播报上述例稿，体会文娱新闻播报的节奏、感染力。注意状态热情、大方、积极。
2.请在播报文娱新闻时加入合适的体态语。

任务拓展

1.根据课堂训练例稿,撰写一期5分钟的文娱新闻节目策划文案(含策划、新闻文稿),并编辑、制作成完整的文娱新闻节目。

2.以小组为单位,策划一期5分钟的文娱新闻节目,要求分工协作,搜集信息材料,编辑、制作成完整的文娱新闻节目。

问题思考

1.文娱新闻播报的特点是什么?

2.应该如何把握文娱新闻播报的副语言的分寸?

评价方法

考核表

考核模块	考核内容	考核方式	考核点	分值
(一)知识与技能目标	1.对文娱新闻播报理论知识进行回顾、总结。	理论测验	1.准确说出文娱新闻播报的特点、副语言。	10
	2.对文娱新闻例稿进行模拟播报。	技能训练	2.掌握文娱新闻播报特征及文娱新闻播报的副语言的运用方法; 3.播报状态积极,副语言灵动; 4.播报语言规范、活泼跳跃、富有感染力; 5.节奏轻快,新鲜感强。	20
	3.以小组为单位,策划、采访、拍摄、撰稿、编辑、播音,制作一期文娱新闻节目,时长5分钟。	作品评审	6.运用文娱新闻的播报特点和灵动的副语言对文娱新闻进行播报; 7.策划、文稿、稿签齐全; 8.节目导向、基调正确,重点突出; 9.语音规范,播报流畅; 10.节目编排合理,制作精良。	50
(二)过程与方法目标	4.合作完成节目成品的过程表现。	综合评价	1.获取、搜集、整理信息,甄选有价值的信息; 2.制订、实施工作计划; 3.分析、发现、解决问题; 4.具有运用理论知识的能力; 5.及时完成工作任务。	10
(三)情感、态度、价值观目标	5.出勤纪律、工作态度(违反第一条,10分全无)。		1.遵守工作纪律,自我约束力强,不迟到、早退、旷课; 2.有职业道德和社会责任感; 3.有较强的新闻敏感性,有一定的新闻工作者的人文关怀意识; 4.语言沟通能力、组织协调能力强,与团队成员团结协作,共同完成工作任务; 5.实事求是地完成工作评价,给出合理分值。	10
评分标准:优90—100分,良80—89分,及格60—79分 总分=自我评分(20%)+小组评分(30%)+教师评分(50%)				
改进建议				

任务3 体育新闻播报

课前热身：即兴评述，谈谈"奥运精神"。（观点鲜明、层次清晰、语言流畅、语音规范、表达准确、状态积极，时长3分钟。）

学习目标：了解体育新闻的定义，掌握体育新闻的播报特点，运用体育新闻的播报方法进行体育新闻的播报。

案例导入：肖翔同学在电视台实习的时候，有一次被安排给体育新闻配音。由于是自己感兴趣的足球方面的新闻，他有些激动，带入了比较多的个人情感。审片时，制片人否定了这种配音的语气和方法。肖翔很苦恼：老师说过给体育新闻配音时可以适当带入情感呀！你认为肖翔的问题主要出在哪里？体育新闻应该如何播报？

一、体育新闻的定义

体育新闻是对人类的体育运动、健身活动及相关信息进行的一种报道。[1]

二、体育新闻播报的特点

体育新闻播报语言节奏快、信息量大、感染力强，播报语言专业性强，有活力、有激情。播音员主持人在客观反映新闻事实的同时，可适当加入情感，展现体育运动的活力与魅力。

课堂训练

例稿1.73

相聚五环旗下　一起向未来——北京冬奥会开幕式获高度赞誉

北京冬奥会开幕式诠释了"简约、安全、精彩"的办奥理念。现场的中外人士和全国观众尽情享受冰雪盛宴，奥运激情也在这一刻绽放。

随着鸟巢主火炬被点燃，北京正式成为"双奥之城"。全国各地都沉浸在热烈的冬奥氛围中。

整场开幕式贯穿人类命运共同体的理念，用"一朵雪花"的故事连接中国与

---

[1]　张英. 体育新闻报道 [M]. 杭州：浙江大学出版社，2007：3.

世界。冰雪健儿相聚五环旗下。温暖与希望、团结与勇气从这里传递。

（2022 年 2 月 6 日中央电视台《新闻联播》）

例稿1.74

历史性突破! 武术成为青奥会正式比赛项目

8 日，在瑞士洛桑举行的国际奥委会执委会会议上，武术被列为第四届青年奥林匹克运动会正式比赛项目，这是武术首次成为奥林匹克系列运动会正式比赛项目。第四届青奥会将于 2022 年 10 月在塞内加尔首都达喀尔举行。届时，来自世界各地的 48 名运动员将参加武术项目男女长拳全能和男女太极拳全能 4 个小项的比赛。目前，全世界大约有 1.2 亿人从事武术运动，150 多个国家和地区有武术协会，武术成为青奥会正式比赛项目，将对传播中华文化起到积极影响。

（2020 年 1 月 9 日中央电视台《新闻联播》）

例稿1.75

体育休闲热潮激发消费活力

假日期间，各地开展丰富多彩的体育休闲活动，有力释放消费活力，带动相关产业蓬勃发展。

精彩的赛龙舟活动带火了龙舟经济的发展，有着 300 多年龙舟制作历史的广东东莞接到的订单量就超过了 100 艘，是近 8 年以来最多的一次，工人师傅正日夜赶工、忙个不停。

不仅是大龙舟，这种融合了传统技艺和新潮表达的小龙舟模型也颇受市场欢迎。当地还引进龙舟俱乐部、露营基地等项目，形成从龙舟制作、赛事培训到文创研学的龙舟经济产业链。

南方赛龙舟，北方的水上运动也是有声有色。北京开放亮马河等内河区域，开展皮划艇、桨板等体育运动，把三里屯、蓝色港湾等重点商圈串联在一起；郊区金海湖的帆船竞技等 30 多项水上休闲运动吸引了各个年龄层的游客。

体育休闲运动热潮涌动，激发消费新活力。全国和美乡村篮球大赛和"村超"乡村足球联赛正在火热举行。据初步测算，仅仅是"村超"举办地贵州榕江就已接待游客 50 多万人次，旅游综合收入超过 2 亿元。

出行平台数据显示，今年端午假期，民俗活动氛围更加浓厚，动感、活力、时尚类的体育休闲活动较为活跃，带动周边消费大幅增长。

（2023 年 6 月 24 日中央电视台《新闻联播》）

训练提示：

1. 体会体育新闻的节奏、语气、感染力。播报时，不仅要把握体育项目的专业特征，还要设想和感觉到受众的存在。

2. 备稿时，认真体会和区分体育新闻与时政新闻、文娱新闻、民生新闻等不同的播报特点和方式。

3. 节奏明快恰当，语言有感染力。尤其要注意三条稿件的语气差异，在练习时加以区别。

任务拓展

1. 根据课堂训练例稿，撰写一期5分钟的体育新闻节目策划文案（含策划、新闻文稿），并编辑、制作成完整的体育新闻节目。

2. 以小组为单位，策划完成一期5分钟的体育新闻节目，要求分工协作，搜集信息材料，编辑、制作成完整的体育新闻节目。

问题思考

1. 如何播报好体育新闻节目？

2. 体育新闻的播报与其他类型的新闻播报有何不同？

评价方法

考核表

考核模块	考核内容	考核方式	考核点	分值
（一）知识与技能目标	1. 对体育新闻播报理论知识进行回顾、总结。	理论测验	1. 准确说出体育新闻播报的特点、副语言。	10
	2. 对体育新闻例稿进行模拟播报。	技能训练	2. 掌握体育新闻播报的特点； 3. 语言规范，语言专业性强； 4. 播报富有激情，节奏明快； 5. 播报状态积极，富有活力。	20
	3. 以小组为单位，策划、采访、拍摄、撰稿、编辑、播音，制作一期体育新闻节目，时长 5 分钟。	作品评审	6. 运用体育新闻的播报特点对体育新闻进行播报； 7. 策划、文稿、稿签齐全； 8. 节目导向、基调正确，重点突出； 9. 语音规范，播报流畅； 10. 节目编排合理，制作精良。	50

考核模块	考核内容	考核方式	考核点	分值
（二）过程与方法目标	4.合作完成节目成品的过程表现。	综合评价	1. 获取、搜集、整理信息, 甄选有价值的信息; 2. 制订、实施工作计划; 3. 分析、发现、解决问题; 4. 具有运用理论知识的能力; 5. 及时完成工作任务。	10
（三）情感、态度、价值观目标	5.出勤纪律、工作态度(违反第一条, 10分全无)。		1. 遵守工作纪律, 自我约束力强, 不迟到、早退、旷课; 2. 有职业道德和社会责任感; 3. 有较强的新闻敏感性, 有一定的新闻工作者的人文关怀意识; 4. 语言沟通能力、组织协调能力强, 与团队成员团结协作, 共同完成工作任务; 5. 实事求是地完成工作评价, 给出合理分值。	10
评分标准: 优 90—100 分, 良 80—89 分, 及格 60—79 分 总分 = 自我评分(20%)+ 小组评分(30%)+ 教师评分(50%)				
改进建议				

任务 4 ▶ 文娱、体育新闻播报综合训练

学习目标: 进一步掌握文娱新闻和体育新闻的播报特点,掌握文娱、体育新闻播报的态度与分寸,加强文娱、体育新闻以播为主、兼具采编的综合训练。

课堂训练

例稿1.76

一组文娱新闻

观众朋友们大家好,欢迎收看本期《中国电影报道》。

新鲜资讯热点狙击,来看今天节目的主要内容:

第十三届北京国际电影节新闻发布会在京举行;

电影频道 m 榜暨中国电影大数据盛典舞美揭秘,云蒸霞蔚展现千年古城风韵;

专访《龙马精神》导演杨子：成龙是电影的定海神针。

今天上午，第十三届北京国际电影节新闻发布会在京举行，发布会上公布了由张艺谋担任天坛奖评委会主席、入围影片、影院放映筹备、嘉年华海报征集大赛最终结果等诸多重点内容，一起来看前方记者发回的报道。

九大板块共谱中国电影"春之声"

光影随风至，春光无限好。时隔三年，北京国际电影节终于在4月迎春归来。发布会上，组委会宣布，本届电影节主题为："光影共享，文明互鉴。"活动包括天坛奖评奖、开幕式、北京展映、北京策划·主题论坛、北京市场、电影嘉年华、第30届大学生电影节、闭幕式暨颁奖典礼、"电影＋"九大主体板块，而这些活动也将全面恢复线下举办。

此外，发布会现场还发布了本届北影节官方海报，海报以春回大地为主题概念，充满了中国文化的独特意义。

张艺谋担任天坛奖评委会主席

今年天坛奖共收到来自93个国家和地区的1488部影片，报名数量再创新高，最终中国影片《瞧一瞧》《消失的她》，以及《白塔之光》成功入围。开幕影片则是张艺谋监制、陆川导演的北京冬奥会官方电影《北京2022》。本届天坛奖国际评奖委员会主席，由中国导演张艺谋担任。他将凭借高水平的艺术素养，携手评委会成员，共担评选天坛奖十大奖项的评审工作。

北京国际电影节创投评委阵容公布，陈可辛、姚晨加盟

此外，发布会上还隆重揭晓了本届北影节创投评委会的阵容，导演陈可辛将作为评委会主席，携手张继、姚晨、文牧野、黄轩，从编、导、演多重身份出发，为参评项目做细致而全面的分析筛选。而作为影迷参与度最高的北影节主体活动之一"北京展映"单元，今年精选了160余部多题材、多风格、多国别优秀影片。除了天坛奖主竞赛单元的影片展映，还设有张艺谋导演作品回顾展，以及宝格丽光影之旅等10余个单元，为观众奉上新颖、丰富、立体的观影体验。绚丽春日电影之旅，让我们一同奔赴光影之约。

第十三届北影节项目创投初选结束，评委为选手支着

今年北影节重回4月举办，留给创投单元的征集时间虽然较短，但874个项目相比去年还是增长近2.5%。在经过三轮的讨论和评选之后，最终30个创投项目、10个制作中项目，以及5个体育周项目入围创投复审。

那么要如何在海量的初审作品中脱颖而出？国内各大电影的出品方和制作方、

阅榜无数的初审评委们给出了非常实用的建议。

……

更多精彩内容请关注 1905 电影网,下载 1905 电影网客户端,新片、大片 24 小时直播。

好了,今天节目就到这里。明天 22 点整,欢迎您继续收看《中国电影报道》。

（2023 年 4 月 3 日中央电视台《中国电影报道》）

例稿1.77

一组体育新闻

您好,观众朋友,欢迎收看《体育新闻》。7 月 12 日,成都第 31 届世界大学生夏季运动会中国大学生体育代表团成立大会在吉林省长春市召开。代表团、运动员、教练员以及相关人员以线上线下相结合的方式参会。

中国大学生体育代表团由 700 余人组成,来自全国百余所高校的 411 名运动员将参加成都大运会全部 18 大项目的角逐,实现了满项报名的目标。此次代表团运动员平均年龄 22.9 岁,其中有 387 人是首次参加世界大学生夏季运动会,有 34 人参加过奥运会,包括张雨霏、李冰洁、张佳齐和周庆元等东京奥运会冠军。

由于成都大运会两度推迟,国际大体联放宽了运动员参赛资格,参赛年龄由原先的 18 至 25 周岁调整为 18 至 27 周岁。原先仅限在校和毕业不超过一年的大学生参加,调整为允许在校生和 2020、2021、2022,三年内毕业的大学生参加。

中央广播电视总台今天举行成都大运会前方报道团出征仪式

成都大运会,中央广播电视总台将派出 465 人前方宣传报道团队与超 2000 人主转播机构团队赴成都开展转播报道和主转播机构服务工作。第 31 届世界大学生夏季运动会将于 2023 年 7 月 28 日至 8 月 8 日在四川省成都市举行。赛会设置 18 个比赛大项,将产生 269 枚金牌。中央广播电视总台在开展赛事转播报道的同时,还将承担大运会主转播机构服务工作,以全 4K 标准向全球提供国际公用信号和相关媒体服务。这是我国传媒机构首次承担世界大学生运动会赛事主转播机构服务工作。同时,总台还将以全球领先的 8K 技术制作网球、田径等项目公用信号。

届时,中央广播电视总台相关电视频道、广播频率和新媒体平台将全方位、立体化开展大运会赛事报道,向世界呈现一届具有中国特色、时代气息、青春风采的国际体育盛会。世界大赛历来是检验新直播技术、新节目样态、新传播模式的"比武场"最前线。成都大运会是总台独立承担赛事转播报道和主转播机构服务的国际综合性体育盛会，是集中展示总台赛事转播能力、科技创新实力、综合服务能力的重要舞台。总台坚持"创新思想＋艺术＋技术"的融合传播：在专业直播中突出年轻态，在全场直播中突出现场感，在国际传播中突出国际范儿，不断提升总台报道的权威性、美誉度，以满屏皆精品的态势，进一步巩固总台在体育传播领域全面领先的优势地位。

咏唱蜀都神韵　寄情青春大业

昨天，来自清华大学、北京大学、复旦大学等 25 所高校的大学生代表，以及来自全国各地的 11 位诗词名家汇聚成都，在古风雅韵中游成都、看"大运"。

现场，四川大学教授、鲁迅文学奖获得者周啸天以一首原创的《苏幕遮·上青藏》拉开了本场诗词大会的序幕。随后，来自全国各大高校的优秀青年陆续演绎了各自的原创诗词。

接下来，全国大学生迎"大运"青春诗会采风活动也将正式启动，十余位诗词大家将担任导师，与青年作者代表们一同前往金沙遗址博物馆、金牛区凤凰山体育公园等地进行采风创作，用诗词的方式来讲述中国故事，传播中国声音。

第14届冬运会冰球项目开赛

第 14 届全国冬季运动会冰球（公开组）的比赛明天将在内蒙古呼伦贝尔开赛，比赛分为女子组和男子组两个阶段举行，于 8 月初全部结束。

承办本届冬运会冰上项目的内蒙古冰上运动训练中心已经准备就绪，场馆的外形非常具有民族特色，最左边的是短道速滑馆，中间的是速滑馆，右边的则是冰球冰壶馆。本届冬运会的吉祥物是一对可爱的蒙古族娃娃，男孩儿叫安达，女孩儿叫塞努，汉语意思分别为朋友、你好，体现了内蒙古自治区各族人民热情好客、健康快乐的精神风貌。冰球冰壶馆共有 3000 个座位，明天上午这里将举行开赛仪式，随后就将进行本届冬运会的第一场冰球比赛，由黑龙江队对阵河北队。按照赛程，7 月 13 日到 22 日进行女子组比赛，男子组比赛将于 7 月 28 日到 8 月 6 日进行。

中国选手温网晋级四强

好，接下来我们再来关注温网。在昨天进行的女双 1/4 决赛中，中国选手张帅和搭档多勒海德直落两盘，战胜了卡拉什尼科娃与希马诺维奇组合，晋级四强。

比分 6：4、6：1，比赛总时长只有 59 分钟。这是张帅本届温网用时最短的一场比赛，其中 36 分钟用在了打得相对焦灼的第一盘。第一盘前六局双方各自保发。不过在第七局，张帅组合被对手率先破发，随后她们成功回破，将比分追成 4：4 平。

随后,张帅组合保发,在卡拉什尼科娃的发球局逼出了两个破发点,并在第二个破发点成功兑现,以6∶4先下一盘。第二盘,张帅组合掌控了比赛节奏,连保带破,很快取得3∶0的领先。第四局,卡拉什尼科娃组合保发止住了颓势,比分追到了1∶3。不过张帅组合越打越顺,配合越打越默契。她们连下三局,6∶1拿下第二盘,大比分2∶0获胜,晋级四强。

(2023年7月12日中央电视台《体育新闻》)

例稿1.78

刘清漪夺冠! 中国霹雳舞队获历史性突破

昨天下午,2023年霹雳舞奥运积分赛日本北九州站的比赛落下了帷幕。在女子组的决赛当中,刘清漪以2∶1战胜了现世界排名第一的日本选手汤浅亚美,为中国霹雳舞队赢得了第一个正式国际比赛冠军。

本次比赛中,以小组第一的身份晋级八强后,刘清漪迎来了八强战的对手——本土作战的福岛亚友美。凭借稳定的发挥,刘清漪以2∶0横扫对手,晋级四强。

四强战直到决赛均采取三回合赛制,这对选手的体力和套路储备提出了更高的要求。面对意大利选手安提莱·桑格里尼,刘清漪丝毫不落下风,良好的体能很好地保证了动作的完成度。最终,刘清漪3∶0完胜对手,挺进决赛。

面对排名世界第一又是本土作战的对手汤浅亚美,刘清漪没有丝毫慌乱,一套高难度动作之后接了一个中国武术中特有的抱拳礼,让中国元素得到了各位裁判的认可。

三轮比赛中,刘清漪的动作行云流水,没有丝毫纰漏。最终她以2∶1战胜了汤浅亚美,取得第一个正式国际大赛冠军的同时,也获得了1000分的奥运积分。

(2023年2月26日中央电视台《朝闻天下》)

例稿1.79

北京冬奥会今天全面开赛

今天(2月5日)是北京冬奥会开幕后的首个比赛日,共产生6枚金牌。首枚金牌在越野滑雪女子双追逐比赛中产生,共有来自世界各地的65名选手参与角逐。在开幕式上点燃主火炬的迪妮格尔·衣拉木江和她的3名队友代表中国队参赛。最终,挪威选手约海于格获得冠军,摘得本届冬奥会首金。

在速度滑冰女子3000米比赛中,荷兰选手斯豪滕以3分56秒93的成绩夺得金牌，并打破奥运会纪录。

　　此外，单板滑雪、跳台滑雪、冬季两项等雪上项目也都纷纷开赛。今天晚上，短道速滑的比赛全面展开，中国短道速滑队将在混合团体接力项目上向金牌发起冲击。

（2023 年 2 月 5 日中央电视台《新闻联播》）

训练提示：

1. 体会文娱、体育新闻的语速、感染力，把握文体圈动态和文娱、体育节目的特点，注意区分文娱与体育新闻不同的播报特点，想象自己正在与受众沟通交流。

2. 认真体会和区分文娱、体育新闻与时政新闻、民生新闻等不同的播报特点与方式，并通过练习不断强化。

3. 节奏明快、热情大方、叙事清楚、亲切自然、有感染力。

任务拓展

1.从文娱、体育新闻中下载素材，不少于5条，口播部分（出镜）和新闻片配音部分均由学生自己完成，制作一期完整的文娱、体育新闻节目。

2.以小组为单位，策划制作一期校运会或校园艺术文化节（或当地的文化、体育活动）的新闻播报节目。

评价方法

考核表

考核模块	考核内容	考核方式	考核点	分值
（一）知识与技能目标	1. 对文娱、体育新闻播报理论知识进行回顾、总结。	理论测验	1. 准确说出文娱、体育新闻播报的定义、备稿方法、播报特点、语言特征。	10
	2. 对文娱、体育新闻例稿进行模拟播报。	技能训练	2. 掌握文娱、体育新闻播报的特点； 3. 播报语言规范，富有节奏感，新鲜感强； 4. 播报节目对象感强； 5. 播报状态积极，感染力强。	20
	3. 以小组为单位，策划、采访、拍摄、撰稿、编辑、播音，制作一期文娱、体育新闻播报节目，时长 5 分钟。	作品评审	6. 运用文娱、体育新闻的播报特点对文娱、体育新闻进行播报； 7. 策划、文稿、稿签齐全； 8. 节目导向、基调正确，重点突出； 9. 语音规范，播报活泼，有激情； 10.节目编排合理，制作精良。	50

考核模块	考核内容	考核方式	考核点	分值
（二）过程与方法目标	4.合作完成节目成品的过程表现。	综合评价	1.获取、搜集、整理信息,甄选有价值的信息; 2.制订、实施工作计划; 3.分析、发现、解决问题; 4.具有运用理论知识的能力; 5.及时完成工作任务。	10
（三）情感、态度、价值观目标	5.出勤纪律、工作态度(违反第一条,10分全无)。		1.遵守工作纪律,自我约束力强,不迟到、早退、旷课; 2.有职业道德和社会责任感; 3.有较强的新闻敏感性,有一定的新闻工作者的人文关怀意识; 4.语言沟通能力、组织协调能力强,与团队成员团结协作,共同完成工作任务; 5.实事求是地完成工作评价,给出合理分值。	10
评分标准: 优 90—100 分, 良 80—89 分, 及格 60—79 分 总分 = 自我评分（20%）+ 小组评分（30%）+ 教师评分（50%）				
改进建议				

项目四 民生新闻播报

任务1 民生新闻播报的备稿

课前热身(评述新闻): 对下面的新闻进行评述, 完成一篇口头小议论文, 要求观点鲜明、状态积极、语言流畅, 时长2分钟。

"来吧, 无所谓!" 高校校长雨中致辞, 这一幕火了

7月2日, 西安交通大学毕业典礼突降大雨, 校长王树国雨中脱稿寄语毕业生, 校党委书记卢建军为他撑起雨伞。就这样, 二人在风雨中为毕业生们完成了这场特殊的演讲。这一幕令无数网友感动。

王树国校长说, 随着各项新技术层出不穷, 出现了若干新赛道。它们决定着一个国家、一个民族的发展进程, 学子们应具有家国情怀, 勇敢面对挑战。

"新征程, 民族之复兴谈何容易, 大国博弈、技术封锁, 给我们带来那么多的干扰。但是我们不能停下脚步, 我们没有别的路可走, 只有大胆地前行, 就像今天

这场风雨一样，来吧，无所谓！"

"很多赛道等待你们去开启，未来的发展之潮流，你们应该是弄潮儿。让暴风雨来得更猛烈些吧！"

网友感叹：这是给毕业生们上的最好一课。

（2023 年 7 月 3 日人民网）

学习目标：了解民生新闻的定义，掌握民生新闻播报的语言特点及备稿方法，运用正确的备稿方法对一组民生新闻进行准备。

案例导入：陆新假期在某电视台实习，一直跟着记者跑民生新闻。某天直播前，他把当天采访的一条《公交车经常抢道　交警却视而不见》的新闻稿交到主播袁芳的手中。在直播间，袁芳根据口播的内容加了一段自己的表达："大马路上车来车往，川流不息，要问这么多车里边谁最牛？我就觉得是'大公共'。咱们经常能看见人高马大的公交车三下两下就把身边的小车挤到一边去了，所以小车司机最怕'大公共'。'大公共'违章的现象很常见，但令人不解的是，其他违章一般都难逃交警的眼睛，而'大公共'违章却依然大摇大摆、理直气壮。"从袁芳的这段话中，我们可以看出，她在正式播报新闻前就已经"未成曲调先有情"，把自己当成了老百姓的知心朋友。袁芳轻松幽默的播报状态和精准的点评让陆新很震惊，自己在学校播报新闻都是要按稿件内容一字不落地念呀！

袁芳为什么要加一段自己的话？民生新闻有什么特点？该如何进行播报准备呢？

近年来，民生新闻风行全国，各地媒体纷纷推出了民生新闻节目，如广东广播电视台《今日一线》、湖南都市频道《都市1时间》、黑龙江电视台《新闻夜航》、江苏城市频道《南京零距离》等。中央电视台也加大了新闻节目的改版力度，对品牌节目《新闻30分》进行整体包装，使之更加关注百姓生计。凭借生动的语言、贴近生活的内容、张弛有度的节奏，《新闻30分》赢得了受众的关注和喜爱。

一、民生新闻的定义

民生新闻是关注百姓生计、关心百姓生活的新闻。民生新闻要求媒体从业人员从民本的立场、观点、态度出发，对百姓的生活进行报道，体现媒体关注民生的责任。

二、民生新闻播报的语言特点

民生新闻播音员主持人不能只播报新闻，还要恰当评论新闻事件。民生新闻播报的最大特点就是节目中穿插了主持人大量的评论语言，且极具个性化。受到文化水平、个人阅历、思维方式、表达习惯等因素的影响，不同的人对于同一事物会有不同的理解和表达，因此，不同的民生新闻节目播音员主持人的评论语言会有明显的区别。民生新闻反映的是

"平民视角、民生内容、民本取向",所以播音员主持人要掌握口语化、叙事化的播报特点,注意语言亲切随和,把握与受众沟通交流的状态。

三、民生新闻播报备稿的要求

为了把握正确的基调,民生新闻的备稿必须认真细致,深入理解,使新闻的播报体现传播的目的。

课堂训练

例稿1.80

一组民生新闻

民生视角,本色报道。这里是正在直播的《今日一线》,我是主持人 ××。

揭阳惠来警方捣毁一贩卖私油窝点

【导语】最近一年多来,油价上涨了不少。但如果有人告诉你,他那里的汽油比外面便宜一块多,你会不会心动呢?千万别心急,因为这些油啊,都不是正规的油,不仅品质没有保证,而且安全隐患极大。近日,揭阳惠来警方就捣毁了一个贩卖私油的窝点,现场查获了两吨多的私油。

佛山顺德区乐从镇一家商铺突发大火

【导语】前天傍晚,佛山顺德区乐从镇的一家商铺突发大火,现场浓烟滚滚,火光冲天,还不断伴有爆炸声传出,附近街坊见状,纷纷赶来灭火救援。

小伙子借酒劲试图飞檐走壁被困

【导语】熊孩子天性好奇,各种花式被困已经是屡见不鲜,但大朋友因为贪玩儿被困,您见过没有呢?前天深夜,在中山西区一处废弃的居民楼外,一个二十来岁的小伙子借着酒劲试图飞檐走壁,却不料从两米高的围墙摔下,被困在了院子里。他最后是怎么脱险的呢?

年轻女子没吃早餐、午餐 低血糖晕倒在公交车上

【导语】我们一些打工族因为生活节奏快、工作压力大,忙起来连早餐都不吃了,长期如此,对身体影响很大。前天,在佛山,有一名年轻女子就因为早餐、午餐都没吃,低血糖晕倒在了公交车上,而当时车上就剩下司机和她两个人,司机能帮她化险为夷吗?

没有心跳也能正常生活?

【导语】心跳不仅是人体重要的生命体征，也是评判人体是否健康的标志之一。但在广州求医的阿叔如今没有心跳也能正常走路，甚至跳广场舞。原来呀，阿叔是接受了最新一代磁悬浮人工心脏手术，并成为该项技术在我省投入临床应用后顺利出院的第一位患者，来关注一下。

租车押金不能退?

【导语】今天我们接到广州番禺的陈先生爆料，说在几天前，他在网上的二手车平台租了一辆法拉利跑车，租车时交了几万元的押金。但还车的时候，出租方却说这笔押金不能退，原因是陈先生在使用跑车期间让车辆受损，押金就当是修车的费用了。对此，陈先生大呼冤枉，究竟是怎么一回事呢?

深圳一男子喜提365天带薪年假

【导语】对于很多"996""007"的上班族而言，工作俨然已经成为生活里的一部分。而最近深圳一男子在公司的年会上喜提365天带薪年假的消息引发了网友的热议，他们纷纷提出疑问：公司会兑现这个承诺吗?

（2023年4月13日广东广播电视台《今日一线》）

例稿1.81

愿你心中有光　勇敢追光　成为那束光

《主播说联播》，今天我来说。大家还记得在2022年北京冬残奥会闭幕式上，用小提琴演奏《雪花》的视障女孩马奕菲吗? 就在今年，奕菲参加了高考，取得了不错的成绩，她将如愿进入向往的大学学习作曲，让我们祝贺奕菲。奕菲2岁时因眼疾双目失明，5岁学习钢琴、9岁学小提琴、12岁学作曲。一路走来，她克服了常人难以想象的困难。我注意到一个细节：高考后，奕菲就计划着给自己制作暑期练琴时间表。她说，高考前，因为忙着复习文化课，每天练琴的时间少了很多，要趁着暑假把落下的东西补回来。从这一点，我们就能够看出，在追梦的路上，奕菲有多么努力。

听了奕菲的故事，很多朋友可能会想到另一位视障姑娘，她的毕业发言感动和鼓舞了无数人，她就是董丽娜，全国首位视障播音硕士毕业生。

【董丽娜】时间过得真快呀，转眼间就要跟这一切说再见了。心中呢，满是不舍和眷恋，但是毕业是终点，更是起点。我们虽然不知道明天如何，可是正如我的导师王明军副教授所说的，母校和老师给了我们底气，岁月和经历给了我们底气。未来，愿我们无论在何方，都心怀梦想，坚持热爱，永远脚踏实地，淡定从容。愿我们的心中有祖国河山，有社会大任，有世界格局，在各自的人生当中去成就自己，成就他人，也成就世界。大家毕业快乐，谢谢，谢谢你们！

丽娜和奕菲的世界本无光，但她们通过热爱和努力，活成了自己的光，照亮了人生的无限可能。不仅如此，她们还成了很多人眼中耀眼的光芒，激励着更多追梦的脚步。可以说，夏天是一个收获的季节，每到这个时候，我们总会看到很多高考学子和毕业生的动人故事，我们为他们手中的果实高兴，更感动于他们辛苦耕耘的过程。同时，夏天也是出发的季节，又一拨少年将开启新的旅程，不管是要步入大学校园还是工作岗位，希望大家都能心中有光，勇敢追光，成为能照亮自己和他人的那束光。

（2023 年 7 月 3 日《央视新闻·主播说联播》）

例稿1.82

出国务工? 小心骗局!

近几年来，网络上出现了许多招聘海外务工人员的广告，有到新西兰去当挤奶工的，有到澳大利亚去搞水果采摘的，或者是当保洁、超市理货员等，号称月薪能达到 2 万至 3 万元，听着很诱人，而且招聘方还承诺没有门槛，应聘者只需要缴纳一万五千元到几万元不等的报名费，就可以等着出国务工拿高薪了。做广告的这些劳务中介公司往往有正规的工商执照、宽敞漂亮的办公室。那么，他们说的能信吗?

【口播点评】这些所谓的出国劳务公司利用劳务人员急着出国务工的心情和对出国信息的不了解，即使故事编得漏洞百出，却也让不少人上了钩，工作没找着，白掏了中介服务费。对付这类骗局，有一个简单的方法，就是不管中介吹得多么天花乱坠，先看看这家公司有没有商务部备案的正规资质，如果连资质都没有，那吹的可不就是肥皂泡? 十有八九不是真帮你找工作，而是看上了你口袋里的钱。对这些弄虚作假、超范围违规经营的公司，有关部门是不是应该好好查一下呢?

（2023 年 6 月 11 日中央电视台《焦点访谈》）

训练提示:

1. 把握民生新闻口语化、叙事化的播报特点，注意语言亲切随和，想象与受众沟通交流的状态。

2. 认真体会民生新闻与时政新闻、文娱新闻、体育新闻不同的播报方式，并通过练习不断强化。

3. 仔细体会"平民视角、民生内容、民本取向"，做到叙事清楚、新鲜感强。

任务拓展

1.选择一条课堂训练例稿，写出备稿分析笔记。

2.重新编排课堂训练例稿，并制作一期民生新闻节目。

问题思考

1.什么是民生新闻？

2.民生新闻播报的语言特点有哪些？

评价方法

考核表

考核模块	考核内容	考核方式	考核点	分值
（一）知识与技能目标	1. 对民生新闻的备稿理论知识进行回顾、总结。	理论测验	1. 准确说出民生新闻的定义、民生新闻播报的语言特点和民生新闻的备稿方式。	10
	2. 对例稿进行模拟播报。	技能训练	2. 掌握民生新闻播报的语言特点； 3. 写出备稿分析笔记，把握正确的传播目的； 4. 播报叙事清楚，新鲜感强； 5. 语言亲切随和，把握与观众沟通交流的状态。	20
	3. 以小组为单位，将课堂训练例稿编辑、制作成一期完整的民生新闻播报节目，时长5分钟。	作品评审	6. 运用民生新闻的播报特点进行民生新闻播报； 7. 在播报中体现恰当的态度分寸； 8. 播报亲切随和，节目对象感强； 9.节目导向正确，主题突出； 10.语音规范，播报流畅。	50
（二）过程与方法目标	4.合作完成节目成品的过程表现。	综合评价	1. 获取、搜集、整理信息，甄选有价值的信息； 2. 制订、实施工作计划； 3. 分析、发现、解决问题； 4. 具有运用理论知识的能力； 5. 及时完成工作任务。	10
（三）情感、态度、价值观目标	5.出勤纪律、工作态度（违反第一条，10分全无）。		1. 遵守工作纪律，自我约束力强，不迟到、早退、旷课； 2. 有职业道德和社会责任感； 3. 有较强的新闻敏感性，有一定的新闻工作者的人文关怀意识； 4. 语言沟通能力、组织协调能力强，与团队成员团结协作，共同完成工作任务； 5. 实事求是地完成工作评价，给出合理分值。	10
评分标准：优90—100分，良80—89分，及格60—79分 总分＝自我评分（20%）＋小组评分（30%）＋教师评分（50%）				
改进建议				

任务2 民生新闻播报的评论技巧

课前热身（评述新闻）：对下面的新闻进行评述，完成一篇口头小议论文，要求观点鲜明、层次清晰、语言表达流畅，时长2分钟。

"00后"地铁中阻拦男子行凶，高校发声：他是学校之光！

"当时没想那么多，只有半秒钟的时间反应，看到有人在伤害别人，所以我就出手了。"

回想起见义勇为的那一幕，"00后"勇士吴英杰说得风轻云淡。

7月3日，中央政法委在京发布2023年第二季度见义勇为勇士榜，重庆科技学院机械与动力工程学院机械电子工程专业2020级本科生吴英杰榜上有名。

7月6日，重庆科技学院发文，骄傲地称赞吴英杰"是我们重科之光！"

时间回到今年3月19日。当晚22时20分许，地铁途经陈家桥站时，犯罪嫌疑人何某某使用随身携带的尖锐利器突然用力捅入邻座女性乘客周某的心脏部位并致其严重受伤。（经审查，何某某患有精神疾病，目的为随机伤害他人。）

当何某某准备实施进一步危害行为时，一旁的吴英杰挺身而出，他紧紧抓住何某某持凶器的手，随后用身子压住何某某将其牢牢控制住，也为周某后来的及时救治，争取了宝贵时间。

"后来从车上下来时心脏跳得很快，回想起来还是有点害怕。"

吴英杰说，自己平时经常打篮球，喜欢各类运动，练就的灵敏性和力量派上了用场。

向同学们分享这段经历时吴英杰提醒大家：在救助他人时一定要保护自身的安全，选择最稳妥的方案，"做到最大化地保护所有人才是正确之举"。

他对记者说："我成为了心中想要成为的那个人。"

吴英杰，好样的！

（2023年7月6日《人民日报》微信公众号）

学习目标：了解民生新闻播报的特点，掌握民生新闻的评论技巧。

案例导入：某电视台向社会招聘《民生聚焦》节目主持人，考场题目是陈述"老旧小区加装电梯"事件并进行评论。李敏语言流畅、形象气质出众，但表达缺乏亮点。卢岩陈述事件准确独到、语言幽默、评论客观理性，令评委眼前一亮。最后卢岩被聘。那么如何播报民生新闻事件，又如何对其进行评论呢？

一、民生新闻的评论形式

民生新闻的评论没有固定形式，主持人往往处理成"串联词+新闻主体（画面/录音）+三言两语的点评"的形式或是使用独立成篇的"主持人小言论"，即"串联词+新闻主体（画面/录音）+主持人小言论"。

二、民生新闻播报的特点

1. 把握平民视角

平民视角既是民生新闻节目的观念定位，也是民生新闻节目主持人的最佳传播策略，更是民生新闻点评的成功之道，它渗透在整个节目的每一个层面。作为地方性民生新闻节目，《南京零距离》和《都市一时间》正是把握住受众的心理特性，把新闻表达重点放在"怎么说"上，让受众主动摄取而非被动接收新闻信息。因此，民生新闻节目主持人在点评时要注意情感分寸，无论说什么，都应站在百姓的立场上，说百姓的心里话，而不能生硬地教化和低俗地责骂。

2. 理性简洁，直截了当

主持人在民生新闻节目中应以一种"冷眼相看"的方式加工信息，使新闻评论更加理性简洁、直截了当，可谓"一语中的"。主持人将个性化的语言风格融入新闻评论，或灵活，或轻松，或幽默，或犀利。这样的评论看似简单，只是几句家常话，却又不是随意说出的。这要求主持人有一定的生活阅历，能把深刻的道理用浅显易懂的语言表达出来，从而使节目贴近现实、贴近生活、贴近大众。

3. 幽默形象，深入浅出

民生新闻节目主持人应该经常使用讲故事、打比方的方式，给新闻内容"换个说法"，从小事入手，再由小及大，深入浅出地帮助受众分析、理解新闻事件背后的意义。另外，主持人还要巧妙运用受众熟悉的、具有地域特色的口语、土语、俗语和歇后语等辅助手段，来配合叙事说理。这样，民生新闻节目主持人的语言就不会干涩、呆板、程式化，而新闻中那些有待挖掘的意蕴也将变得直白、丰富和鲜活。

课堂训练

例稿1.83

一组民生新闻

【开场语】欢迎回到由×××冠名播出的全国十佳民生新闻栏目《都市一时间》，任何新闻事件，欢迎拨打民情热线 0731-84802110 或微信搜索添加 19207310110，视频号搜索湖南都市一时间,抖音、快手搜索都市一时间,以及登录风芒 App 在线爆料留言。

浏阳警方成功破获入室盗窃案

来关注长沙公安正在进行的打盗骗、保民安"风雷行动"。来自长沙的张某驾驶摩托车窜至浏阳市沙市镇,通过攀爬围墙、破坏门锁等方式,潜入住户陈先生家中,偷走了 2 万多元现金和黄金手镯等金器,涉案金额 4 万多元。接警后,浏阳沙市派出所立即介入,通过多方追查,成功破案追赃。

经查,嫌疑人张某今年 33 岁,来自长沙,有犯罪前科,对于入室盗窃的犯罪事实供认不讳。但他通过赌博的方式把现金都花完了,然后金器的话,他是到了典当行里面,当了 2 万多块钱啊。事后我们找到这个嫌疑人,嫌疑人呢开始是支付配合退账的,把这个钱给退回来了。目前案件还在侦办中,一时间记者报道。

浏阳警方通报一起网络交友诈骗案

今天,浏阳警方通报一起网络交友诈骗案。来自岳阳的胡某,在网络交友平台自称翔哥,是从事房地产开发的老总。他以网络交友的方式,先后骗了刘女士等 3 人 20 余万元。接警后,浏阳沙市派出所立即介入展开调查。

今年 2 月,刘女士通过交友软件,认识了这名自称翔哥的男子。两人很快从起初的嘘寒问暖,发展成网络恋人,然后就"奔现"了。不到 3 个月,刘女士被对方以打点业务生意,资金周转等名义骗走 14 万余元。今年 5 月,刘女士意识到情况不对,立即报警。接警后,沙市派出所立即组织警力展开调查,发现这名自称翔哥的男子,不止骗了刘女士一人。民警通过追查,很快锁定了 5 名嫌疑人,陆续将自称翔哥的嫌疑人胡某等 5 人在岳阳抓获。经过民警全力追赃,已为刘女士等 3 人追回了全部被骗损失。目前案件还在侦办中。

在这里,沙市派出所提醒大家:在网上恋爱交友时,请务必核实清楚对方真实信息,尤其是在涉及资金往来的时候,更是要提高警惕、防止被骗。如不慎上当受骗,保存好相关证据,第一时间向公安机关报案。一时间记者报道。

长沙岳麓山景区管理处发布禁止骑行公告

今年 5 月 20 日,长沙岳麓山景区管理处发布禁止骑行公告,明令禁止在岳麓山景区范围内骑行自行车。记者今天从景区管理处了解到,目前他们已经联合交警、城管等部门,联合开展了禁止骑行专项整治行动。岳麓山上,危险骑行的情况已经大幅下降。

这是一些骑友在岳麓山骑行的视频,其中不少是从山顶往下放坡的视频,记者看到,不少自行车就与步行上山的游客擦身而过,稍微控制不好方向,就会直接撞上行人。骑行已有的山路还不够刺激，有的骑友甚至选择一些无人通行的小山路，高速往下冲。岳麓山景区管理处表示，因为岳麓山山路坡陡路弯，加上游客众多，并不适合骑行。而单车和行人碰撞的情况也时有发生，曾发生因制动故障，导致车辆直接冲出路面的事故。今年 5 月 20 日，长沙岳麓山景区管理处发文，根据《岳麓山风景名胜区保护条例》规定，岳麓山禁止骑行。记者今天在岳麓山景区各主要入口看到已经张贴了公告，并且在显著位置设置了禁止骑行的标志。一时间记者报道。

张家界元宇宙夜游景区"九歌山鬼景区"正式开园

6 月 17 日张家界元宇宙夜游景区"九歌山鬼景区"正式开园。景区设计灵感，源自屈原《楚辞》当中的篇章，融合当地民俗传说，在科技创新加持下，为游客打造视听盛宴，带来新奇的行进式夜游文旅体验。

古老巨树中孕育的一颗五彩奇石，为邪恶山魅所觊觎，美丽的山鬼乘赤豹而来，守护和拯救大山里的部落——原《楚辞》中九歌山鬼的神秘世界，被搬入张家界的奇山异水中。景区坐落于武陵山脉的慈利县三观寺土家族村，地处张家界东线旅游精品线路核心，开业当晚吸引大批游客前来体验。景区游览线路近 2.5 公里，包含 14 个主题景点、4 个实景光影剧场、54 个轻剧本探秘互动点，中途穿越原始森林喀斯特溶洞、天坑地貌，步行观赏时长约 1.5 小时。游客行走在景区中，仿佛置身于《楚辞》中的张家界，在令人震撼的视听效果中，参与故事情节与角色互动，感受沉浸式、充满奇幻魅力的夜游文旅体验。九歌山鬼夜游文旅景区，采用大规模实景建设，融入元宇宙概念，总投资 1.2 亿元，以打造沉浸式夜游体验为核心，将楚地风物，湘西风情以全新的方式向游客呈现，将进一步擦亮张家界文旅的闪亮名片。一时间记者报道。

【结束语】欢迎回到由 ××× 冠名播出的《都市一时间》，任何新闻事件，欢迎拨打民情热线 0731-84802110 或微信搜索添加 19207310110，视频号搜索湖南都市一时间，抖音、快手搜索都市一时间，以及登录锋芒 App 在线爆料留言。了解更多新闻资讯，请扫描屏幕下方二维码，关注湖南广电官方新闻资讯客户端，风芒 App 不要走开，接下来请收看《寻情记》，主持人在省会长沙祝各位安康，再见。

（2023 年 6 月 19 日湖南都市频道《都市一时间》）

训练提示：《都市1时间》是湖南都市频道的一档大型民生新闻节目，节目以"民生视角、本色表达"为新闻理念，久居湖南所有新闻节目收视率第一位，获得多个全国性民生新闻节目奖项。训练时，认真体会民生新闻语言灵活、一事一议，以主持人的身份发表个性化评论的特点。注意语言处理要深入浅出、理性简洁、直截了当。

任务拓展

1.将课堂训练例稿录制成一期民生新闻音频节目。

2.以小组为单位,搜集"环保"主题的民生新闻素材,策划、制作一期5分钟的民生新闻节目。

问题思考

1.民生新闻的评论形式是什么?

2.民生新闻播报的特点有哪些?

评价方法

考核表

考核模块	考核内容	考核方式	考核点	分值
（一）知识与技能目标	1. 对民生新闻播报评论技巧理论知识进行回顾、总结。	理论测验	1. 准确说出民生新闻播报的特点。	10
	2. 对课堂训练例稿进行模拟播报。	技能训练	2. 掌握民生新闻节目短小灵活、一事一议、个性化评论的技巧; 3. 播报亲切随和,对象感强; 4. 播报叙事清楚,新鲜感强; 5. 状态积极,富有表现力。	20
	3. 以小组为单位,策划、制作一期民生新闻节目,时长5分钟。	作品评审	6. 运用民生新闻播报一事一议的特点,对民生新闻进行恰当点评; 7. 在播报中体现民生新闻播报的态度与分寸; 8. 节目导向正确,主题突出; 9. 语音规范,播报流畅,编排合理,制作精良; 10. 策划、文稿、稿签齐全。	50
（二）过程与方法目标	4.合作完成节目成品的过程表现。	综合评价	1. 获取、搜集、整理信息,甄选有价值的信息; 2. 制订、实施工作计划; 3. 分析、发现、解决问题; 4. 具有运用理论知识的能力; 5. 及时完成工作任务。	10
（三）情感、态度、价值观目标	5.出勤纪律、工作态度(违反第一条,10分全无)。		1. 遵守工作纪律,自我约束力强,不迟到、早退、旷课; 2. 有职业道德和社会责任感; 3. 有较强的新闻敏感性,有一定的新闻工作者的人文关怀意识; 4. 语言沟通能力、组织协调能力强,与团队成员团结协作,共同完成工作任务; 5. 实事求是地完成工作评价,给出合理分值。	10
评分标准: 优90—100分, 良80—89分, 及格60—79分 总分 = 自我评分(20%)+ 小组评分(30%)+ 教师评分(50%)				
改进建议				

任务3　民生新闻播报的尺度

课前热身（评述新闻）：对下面的新闻进行评述，完成一篇口头小议论文，要求快速组织语言，观点鲜明，语言流畅，时长2分钟。

半个梨子，验DNA！（节选）

历时50天，发生在江西南昌东湖区的"半个梨子"高空抛物事件近日终于水落石出。

6岁男孩的一个举动造成路人受伤，请大家引以为戒，正确认识高空抛物的危害！

事情发生在5月9日19时许，南昌东湖区东万宜巷居民张某行至象山北路与阳明路交界处，被从天而降的半个梨子砸中头部，致轻微伤。

百花洲派出所接警后，对事发地周边的情况进行调查。经判断，梨子可能是旁边高楼内的人员所扔的。

该大楼共15层，楼内人员较多，人员结构复杂。民警通过走访调查，没有发现目击者，也没有监控拍到"高空抛物"的过程。

民警随即将这半个梨子提交至南昌市公安局刑科所。民警通过多次提取检验，在梨子的咬痕上提取到了一女性DNA样本。

民警立即对事发地的大楼内女性进行排查，发现居民邱女士与DNA样本有亲缘关系。

随后，民警上门对邱女士家的女性亲属进行了补采DNA，通过检验和询问，终于揭开了真相：当日，邱女士的女儿将吃剩的半个梨子放在桌上，转身做家务去了。邱女士6岁的外甥将梨子从楼上扔下，正巧砸中了行人张某。

6月29日，邱女士代"熊孩子"向张某道歉，并赔偿相关损失，承诺一定严加管教，不再高空抛物，张某表示了谅解。

民警对邱女士一家进行了普法教育，告知高空抛物的危害与处罚，同时也教育孩子，今后不能再犯。

高空抛物的危害有多大？据专业实验测算，一枚重30克的鸡蛋从18楼抛下能砸破人的头骨，而从25楼抛下，冲击力足以致人死亡！

高空抛物要承担怎样的法律责任？

《刑法》第二百九十一条之二：

高空抛物罪：从建筑物或者其他高空抛掷物品，情节严重的，处一年以下有期徒刑、拘役或者管制，并处或者单处罚金。有前款行为，同时构成其他犯罪的，依照处罚较重的规定定罪处罚。

《民法典》第一千二百五十四条：

禁止从建筑物中抛掷物品。从建筑物中抛掷物品或者从建筑物上坠落的物品造成他人损害的，由侵权人依法承担侵权责任；经调查难以确定具体侵权人的，除能够证明自己不是侵权人的外，由可能加害的建筑物使用人给予补偿。可能加害的建筑物使用人补偿后，有权向侵权人追偿。

（2023 年 7 月 4 日 未来网）

学习目标：了解民生新闻播报应注意的问题，掌握民生新闻播报的分寸要求，运用民生新闻播报的技巧完成民生新闻播报。

案例导入：刘亮同学假期在某县电视台的《民生浏览》节目组实习了一个月，发现这个节目为了迎合一部分观众的低级趣味和不太健康的心理需求，经常爆料个人隐私或扒开别人的伤口来进行评论。刘亮同学很纠结，民生新闻节目一定要这样做吗？这个节目的定位有没有问题？

民生新闻节目不能以爆料普通人的隐私为噱头。作为一名民生新闻节目主持人，必须了解民生新闻报道的注意事项。

一、民生新闻报道注意事项

1. 报道思想的定位：强烈的民本意识

民生新闻节目要尊重受众的知情权和话语权，鼓励受众积极参与民生新闻的传播，对社会事务发表自己的意见、见解，并最终达成共识。受众在事件发生现场传回照片、视频时，他们不仅是新闻事件的关注者，更是新闻事件的参与者和传播者，媒体从业人员应怀着强烈的民本意识进行报道。

2. 报道内容的选择：贴近性和地域性

家长里短、邻里纠纷都是民生新闻报道的对象。民生新闻要秉承"帮扶就在你身边"的理念，实事求是，依靠各方力量，为百姓解决实际困难。要知道，发生在百姓身边、跟百姓生活息息相关的事情，正是百姓关注的事情。

3. 报道方式：现场直播、记者参与、全程跟踪

记者可以介入民生新闻事件中，全程关注、跟踪报道，力所能及地给予帮助，直到问题解决；主持人应使用关切、亲和的播报方式及语言，以悬念吸引受众。

4. 拓宽报道范围，开拓公共空间

民生新闻讲述百姓自己的故事，受到百姓的关注和喜爱。民生新闻可以在大经济政治环境下讲述小故事，拓宽报道范围，开拓公共空间，维护民众的公共利益。

5. 增加厚重感

民生新闻的时效性极强，关注当日、当地民众生活琐事，短平快，最能体现新闻的"三贴近"原则，但难免琐碎，在广度与深度上有所欠缺。其实，民生新闻也可以加深节目的厚度和深度，挖掘事件背后蕴藏的意义。

6. 避免低俗化

民生新闻要做到"三贴近"，但不能把平民视角、贴近性、亲切感与肤浅、泛化、粗制滥造等同起来。不能一味迎合个别观众的低级趣味，要注重对观众的正确引导。

二、如何把握民生新闻点评的尺度

民生新闻节目主持人应该加强理论学习，提高道德修养，丰富知识面，在点评时把握好四个方面的"度"。

1. 政治的度

所有媒体从业人员都必须坚持党性原则。在现实生活中，人民群众盼望通过舆论监督解决的问题，通常也是党和政府要着手解决的问题。我们可以在党和政府关注的重点、各级党政部门着力解决的难点、人民群众关注的热点的结合处寻找点评的突破口。

2. 态度的度

民生新闻点评的初衷应该是善意的，评价的态度应该是公允的，播出后的效果应该是积极的。与人为善体现在目的上，是使监督对象改进工作、改正错误，而不是"把别人逼到死路上"；体现在方法上，是摆事实、讲道理，不扣帽子、不打棍子。

3. 角色的度

民生新闻点评要做到以人为本，必须把握好角色的度。民生新闻评论只有合理、恰当地反映人民群众的意见，才能真正提升新闻舆论的引导力，促进社会和谐发展。

4. 法律的度

民生新闻主持人应该具有很强的法律意识和较专业的法律知识，明确与新闻报道内容有关的法律、法规。要把握好新闻评论法律的度，最重要的是要做到报道程序合法、报道行为合法和报道内容合法。

关注民生新闻事件，要求我们通过对身边典型小事、典型细节的报道，赋予其一定的情感、意义和判断，倡导文明的社会观念、社会秩序、社会道德和社会风尚。

课堂训练

例稿1.84

一组民生新闻

享受充满自信的早晨,欢迎收看《第一时间》,各位早上好,我是××(女)。

早上好,我是××(男),今天是2023年6月2日星期五,欢迎您关注本期的节目。

……

【女】我们来关注"三夏"的最新消息。眼下各地小麦陆续进入收割季,但是,近期持续的阴雨天气对小麦收割带来影响。为了确保粮食颗粒归仓,各地纷纷与阴雨天赛跑,一场对小麦的全面抢收正在进行。

经过45天的春季休牧,昨天,内蒙古呼伦贝尔市新巴尔虎左旗的400多户牧民赶着他们的35万头(只)牲畜出发,向夏季牧场迁徙。

云南是国内仅次于海南的天然橡胶产区,它与海南的产量占全国天然橡胶总产量的97%以上。由于天气干旱,今年云南橡胶的产量受到很大影响。我们来看记者调查。

深圳水贝市场是中国黄金珠宝消费的晴雨表,其中珍珠贸易和镶嵌加工占国内大约一半的市场份额。今年以来,珍珠饰品销售火热,价格也是水涨船高。

【男】我们来关注高薪背后的陷阱。2021年3月,四川成都一名男子被所谓的"高薪工作"吸引前往云南昆明,没想到却被胁迫至缅甸实施电信诈骗,随后又被卖去餐厅干杂活。直到今年三月份,他才被成都警方成功解救。

【女】据这名当事人讲述,他到达昆明后,就与另外三人一起被押送到了八小时车程之外的一个所谓的"工厂",还被没收了手机。

2021年3月,成都警方接到报警后,迅速展开侦查,克服重重困难,男子最终被警方救回。

【男】今天的《第一时间》就这些了,欢迎回看重点节目视频以及了解更多的新闻资讯。

【女】欢迎您关注《第一时间》,来我们的央视频账号和官方微博,欢迎您继续收看财经频道播出的更多精彩节目,再会。

(2023年6月2日辽宁卫视《第一时间》)

训练提示: 辽宁卫视《第一时间》节目在新闻的广度、深度、关联度上下功夫,本着服务市民、以人为本的宗旨,充分体现贴近实际、贴近生活、贴近群众的原则和本土化特色,成为市民的"信息超市"。训练时,注意每条新闻的不同侧重点,体现民生新闻播报的分寸和态度。

例稿1.85

五天登五岳，不只是一个"特种兵式"旅游的故事

《主播说联播》，今天要说一个发生在五一假期的小故事。有位"90后"网友在这个假期来了一趟"特种兵式"的旅游，五天成功打卡五岳名山。五岳归来看什么？很多人可能惊讶于他的好体力，五天连轴转还登山，一般的体力绝对吃不消，所以也不建议简单模仿，要量力而行。也有网友感叹他时间管理得真好，每一次转场都衔接得不错，行程非常紧凑，几乎一点时间都没浪费。

其实，我们仔细看他的行程表就会发现，能够让一个普通人以公共交通的方式五天登五岳，一天一"岳"，最大的"功臣"无疑包括便利、高效、高度网络化的交通体系。这位网友几乎所有的交通工具都用上了，包括飞机、高铁、普通列车、长途客车、公交车、地铁、网约车，等等。立体化的交通网络、各种交通场站之间的便捷换乘，让几乎不太可能的事情变成了可能。中国交通，简直太靠谱了！这位网友自己也感叹，中国基建真的好牛，有这样方便的交通，才有这样大胆的行程。诚哉斯言！

一天一"岳"，背后是这些年交通强国建设的飞跃和跨越，我国在交通领域的世界第一真可以说是拿到手软：高速铁路网、高速公路网、城市轨道交通通车里程，等等，都是世界第一，综合交通网络总里程突破600万公里。五天登五岳，小故事，大交通。个人出游打卡的便利，是"基建狂魔"在祖国大地上"打卡"的用力和努力。他们在崇山峻岭、江河湖海挖啊挖，挖出的是天堑变通途，托起的是从个体到国家的一个个梦想和飞跃。

（2023年5月7日《央视新闻·主播说联播》）

训练提示：

1. 模仿训练，仔细分析民生新闻的播报应该注意些什么，以及如何把握民生新闻播报的尺度。

2. 面对镜头模拟播报，要求语言流畅、轻松幽默，注意面部表情与肢体语言的配合。

3. 对不同的民生新闻进行评论，客观理性地表达自己的见解。

任务拓展

1.将课堂训练例稿录制成一期民生新闻节目。

2.以小组为单位搜集素材并播音,编辑、制作一期主题为"诚信友爱、和谐社会"的民生新闻节目,时长5分钟。

问题思考

1.民生新闻的播报应该注意些什么?

2.如何把握民生新闻播报的尺度?

评价方法

考核表

考核模块	考核内容	考核方式	考核点	分值
（一）知识与技能目标	1.对民生新闻播报的尺度理论知识进行回顾、总结。	理论测验	1.准确说出如何把握民生新闻播报的尺度。	10
	2.对例稿进行模拟播报。	技能训练	2.掌握民生新闻播报的尺度要求; 3.播报亲切随和,节目对象感强; 4.新闻事件叙述清楚,尺度把握得当; 5.状态积极,富有表现力。	20
	3.以小组为单位,制作一期主题为"诚信友爱、和谐社会"的民生新闻节目,时长5分钟。	作品评审	6.运用民生新闻播报的要求做好民生新闻节目的播报; 7.把握好民生新闻播报的尺度; 8.策划、文稿、稿签齐全; 9.节目导向正确,主题突出; 10.语音规范,播报流畅,节目编排合理,制作精良。	50
（二）过程与方法目标	4.合作完成节目成品的过程表现。	综合评价	1.获取、搜集、整理信息,甄选有价值的信息; 2.制订、实施工作计划; 3.分析、发现、解决问题; 4.具有运用理论知识的能力; 5.及时完成工作任务。	10
（三）情感、态度、价值观目标	5.出勤纪律、工作态度（违反第一条,10分全无）。		1.遵守工作纪律,自我约束力强,不迟到、早退、旷课; 2.有职业道德和社会责任感; 3.有较强的新闻敏感性,有一定的新闻工作者的人文关怀意识; 4.语言沟通能力、组织协调能力强,与团队成员团结协作,共同完成工作任务; 5.实事求是地完成工作评价,给出合理分值。	10
评分标准:优 90—100 分,良 80—89 分,及格 60—79 分 总分 = 自我评分（20%）+ 小组评分（30%）+ 教师评分（50%）				
改进建议				

任务4 民生新闻播报综合训练

学习目标： 巩固民生新闻理论知识；对训练例稿进行合理编排，并上镜播报；自选训练例稿，编辑、制作一期民生新闻音频节目；选择民生新闻题材，采访、拍摄、播音、编辑，制作一期民生新闻视频节目。

课堂训练

例稿1.86

这样的双向奔赴，真好！

《主播说联播》，今天来说说重庆山火的后续。目前重庆全部火场的明火已经被扑灭，跨省增援的消防员也在陆续撤离。这几天，重庆人民自发前来送行的一幕幕刷屏了。大家挥舞国旗，敲锣打鼓，拉横幅，送特产，用最朴实的方式表达感激之情。今天，重庆市还授予了四个增援集体"感动重庆"特别奖。重庆，重情！英雄战士和英雄人民的双向奔赴，真好！

在这场保卫家园的战斗中，消防员是冲在一线的灭火英雄。他们忍受着极端高温和滚滚热浪，裹着厚厚的消防服投入战斗。那是怎样的炙烤，我们普通人可能难以想象。我们看到，他们在和山火搏斗十几个小时后，倒头就睡在了地上。有的人面包还没吃完，就已经累得睡着了。这一个个让人心生敬意的瞬间，就是何为英雄最好的注脚。

而提供支援的各界群众则是筑牢补给线的平凡英雄。有人争分夺秒做好免费饭菜，有人日夜不停运送物资。那张震撼的照片，我想大家一定都还记得：在熊熊烈火燃烧的山野上，志愿者搭成"人链"运输物资。那里本没有路，那路本没有灯，是无数人用身躯汇聚微光，筑起了"防火长城"。大家对这个城市的爱如"山"，在困难面前众志成"城"。这就是我们最好的中国人民，在任何挑战面前，总有无穷的勇气和力量。

重温这场灭火战斗的一个个动人瞬间，我们更加懂得了什么是"平凡铸就伟大，英雄来自人民"。在这里，向每一位逆行出征的消防员，向每一位挺身而出的中华儿女，说一句感谢，道一声致敬。你们都是英雄！

（2022年8月28日《央视新闻·主播说联播》）

例稿1.87

有"安欣"，才安心!

《主播说联播》，今天我来说。相信不少人最近都在关注电视剧《狂飙》，这部剧在总台央视电视剧频道热播，口碑也是一路"狂飙"。这部以扫黑除恶为题材的电视剧，剧情跌宕起伏，扣人心弦，正与邪的较量、善与恶的碰撞，让众多网友忍不住天天"催更"。网友们在大呼上头的同时，也很好奇剧中热血、正直、坚守本心的刑警安欣有没有现实原型。

根据主创团队介绍，"安欣"取材于多个真实原型，是万千英雄的缩影。他们中，有的人年仅38岁就满头白发，却说"头发都熬白了，还怕熬不过不法分子吗"；有的人在和持刀歹徒搏斗时，警服被鲜血染红，但他说，如果再来一次，还是会豁出去；有的人投身扫黑除恶专项斗争，献出了宝贵的生命。这些现实当中的英雄，就在我们身边；这些英雄的故事，令人肃然起敬。

有网友动情地说，正是因为有"安欣"们，才有老百姓的安心。是的，世上哪有什么岁月静好，只是有人替你负重前行。中央以雷霆万钧之势，开展扫黑除恶专项斗争，一切为了国泰民安。守万家灯火，护一方平安，我们向扫黑除恶的英雄致敬!

（2023年1月31日《央视新闻·主播说联播》）

例稿1.88

月饼是用来吃的，不是用来炫的!

《主播说联播》，今天咱们来说说月饼。再过半个月就是中秋佳节了，你买月饼了吗？一般会选择什么价位的月饼？国家发改委等四部门近日曾就月饼发过一份公告，主题是遏制"天价"月饼，特别是对单价超过500元的盒装月饼实行重点监管。

这些年经过不断治理，一些"天价"月饼不见了，价格亲民的月饼越来越多，品种也在不断丰富。应该说，治理效果还是比较明显的。

但是近期在巡查中，还是发现了一些问题：有的商家仍在打"擦边球"，比如销售的月饼礼盒，价格定在499元；或者有的月饼礼盒标价为499.99元，但会以别的名义来追加一份费用。这样表面上看定价没超过500元，但要买下来却贵了不少。也就是说，礼盒里还是藏着猫腻。当然，混搭着卖的现象也还有，比如月饼搭高档茶叶、红酒，等等。月饼是用来吃的，不是用来炫的，更不能沦为腐败道具。针对"天价"等违规问题，需要持续加大整治力度，刹住这股歪风。

　　月饼的创新应该多放在口味、用料、工艺等硬"核"内容上，而不是在豪华包装、跨界搭售上动歪脑筋。比如有商家就在口味上进行大胆创新，研发新型口味月饼，像口感清新的水果月饼，等等，有些就很受消费者特别是年轻人的欢迎。反倒是一些豪华包装的月饼，不仅华而不实，还很浪费。至于跨界组合搭售的月饼，完全就是喧宾夺主，真想问问这些商家一个问题："这么卖月饼，尊重月饼了吗？"

　　月饼好吃不在包装，月饼有品也不在混搭。如果让月饼承载不该承载的东西，不仅变味，还会闹心，任由这样发展下去，更会败坏社会风气。让月饼回归食品属性，既能吃得安心，还能营造风清气正的节日氛围，不香吗？

（2022 年 8 月 26 日《央视新闻·主播说联播》）

例稿1.89

<h2 align="center">"敬礼娃娃"刷屏，这不只是一个温暖的故事</h2>

　　《主播说联播》，今天我来说。这两天，很多地方的高考成绩陆续出来了。有一位考生刷了屏，他就是"敬礼娃娃"郎铮。汶川地震时，三岁的他在废墟中获救后，向解放军战士敬礼的一幕感动了无数人。今年高考，郎铮考出 637 的高分，成绩有点超预期，没想到考这么好。这 15 年，他见证了灾区的涅槃重生，在成长过程中也感受到国家和社会的关爱。这个超预期是个人努力的结果，也是大家的爱心在废墟上浇灌出的希望花朵。这样的故事，真的很棒。

　　今天还要说一个"超预期"，就是今年端午假期很多景区的火热程度超预期。出行平台数据显示，端午期间，民俗氛围更加浓厚，动感、时尚类的体育休闲活动相当活跃，带动周边消费大幅增长。比如，"村超"的举办地贵州榕江，目前已接待游客 50 多万人次，旅游综合收入超过两亿元。此外，非遗游、避暑游也很受欢迎。新疆喀纳斯景区，端午假期前两天接待游客 36 万多人次，和五一假期相比，单日游客接待量增长 3 倍。据文旅部统计，今年端午假期全国国内出游 1.06 亿人次，超过2019 年同期水平。

　　景区火爆、消费火热，显示了中国经济的韧性。有的超预期看似意外，但其实在情理之中。它是努力的收获，是厚积薄发的惊喜，也是对坚定做好自己事情的一种回报。有一种韧劲，叫超预期。

（2023 年 6 月 24 日《央视新闻·主播说联播》）

例稿1.90

一组民生新闻

民生视角，本色报道，这里是正在直播的《今日一线》，我是主持人××。

昨天我们《今日一线》节目独家曝光了湛江吴川高铁站和机场存在出租车不打表、网约车私下加价、黑车非法营运等乱象，引起了当地有关部门的极大重视，交通市场等监管部门今天组织了三十多人的联合执法队伍对乱象进行了严查整治。

有观众向我们爆料说，在村民毫不知情的情况下，村旁边突然建起了大型水泥搅拌站，担心自己的生活、生产会受到影响，而且这个水泥搅拌站居然没有经过审批，背后涉及很多问题，具体情况来看看记者的暗访调查。

今天我们接到了佛山南海街坊的爆料，说他昨天在江边钓鱼时，突然发现岸边漂浮着许多已经死亡的龟。他当时清点了一下，有三四十只多。这到底是什么龟呢？又是从哪儿来的呢？

前晚，我们报道了肇庆四会100多位遭遇同一熟人借货代卖的骗局。档主声称涉案金额过亿元，估计大家都会有疑问，商人都是精明的人，为何借货风险这么大，而且类似的骗局一再上演，却依然有人追捧这种模式呢？今天我们来深入探究一下。

近日，国家统计局公布了2023年一季度经济运行数据，其中提及全国居民人均可支配收入达到了10,870元，同比增长3.8%。而可支配收入主要来自工资，到底什么行业和岗位能让人实现月薪过万呢？

今天是世界图书日，阅读点燃智慧，阅读也给人希望和勇气。我们的记者在一个儿童肿瘤病房，遇到了一个爱心图书角，也遇到了一帮点灯人。我们一块去看一看。

今年五一假期，随着疫情管控放开后的旅游潮到来，国内多个热门旅游城市的酒店、民宿供不应求，价格更是水涨船高。而多地市场监管局近日就发布消息，将对今年五一假期旅游市场的价格实施监督。

大家普遍预测，今年五一假期将会是近年来最火爆的一次。届时，广东各主要出省通道预计将面临较大的交通压力，各地提前部署，多措并举，护航群众平安出行。

第133届广交会第二期将于今天起至4月27日举办，展品以日用消费品、礼品、家居装饰品为主，设18个展区线下展，参展规模创历史新高，展览面积达50.5万平方米，展位数量超2.4万个，与疫情前相比增幅超20%。

好，感谢收看今天的《今日一线》，明天同一时间，我们再见

（2023年4月23日 广东广播电视台《今日一线》）

任务拓展

1.自选训练稿件进行合理编排并播音,制作一期民生新闻音频节目。

2.请以小组为单位,策划、撰写1条民生新闻。另外,上网搜集2条民生新闻,将这3条新闻制作成一期民生新闻节目。

评价方法

考核表

考核模块	考核内容	考核方式	考核点	分值
（一）知识与技能目标	1. 对民生新闻播报理论知识进行回顾、总结。	理论测验	1. 准确说出民生新闻播报的定义、语言特点、备稿方式、评论技巧及播报的尺度。	10
	2. 对例稿进行模拟播报。	技能训练	2. 掌握民生新闻播报的语言特点; 3. 语言规范,播报流畅; 4. 叙事清楚,交流自然; 5. 评论分寸得当,观点鲜明。	20
	3. 以小组为单位,策划一期民生新闻节目,撰稿、编辑、播音,制作成完整的节目视频。	作品评审	6. 运用民生新闻的语言特点做好民生新闻节目的播报; 7. 评论中体现民生新闻播报的态度与分寸; 8. 策划、文稿、稿签齐全; 9. 节目导向正确,主题突出; 10. 语音规范,播报流畅,节目编排合理,制作精良。	50
（二）过程与方法目标	4. 合作完成节目成品的过程表现。	综合评价	1. 获取、搜集、整理信息,甄选有价值的信息; 2. 制订、实施工作计划; 3. 分析、发现、解决问题; 4. 具有运用理论知识的能力; 5. 及时完成工作任务。	10
（三）情感、态度、价值观目标	5. 出勤纪律、工作态度（违反第一条,10分全无）。		1. 遵守工作纪律,自我约束力强,不迟到、早退、旷课; 2. 有职业道德和社会责任感; 3. 有较强的新闻敏感性,有一定的新闻工作者的人文关怀意识; 4. 语言沟通能力、组织协调能力强,与团队成员团结协作,共同完成工作任务; 5. 实事求是地完成工作评价,给出合理分值。	10
评分标准: 优 90—100 分, 良 80—89 分, 及格 60—79 分 总分 = 自我评分（20%）+ 小组评分（30%）+ 教师评分（50%）				
改进建议				

模块二　评论播音

项目一　评论播音的备稿

课前热身（即兴评述）：根据下面新闻，完成一篇口头小议论文，要求主题突出、观点鲜明、状态积极、语言流畅，时长3分钟。

跳桥救人的外卖小哥，奖励10万元和1套现房！

近日，浙江杭州外卖小哥彭清林为了救一名跳桥轻生的女子从12米高的大桥上一跃而下的视频感动了许多人。

为褒扬彭清林的义举，他老家湖南张家界市精神文明建设指导委员会6月15日授予彭清林"张家界好人"荣誉称号。16日，老家桑植县县长到医院看望彭清林，代表县委、县政府给予其10万元见义勇为慰问金。当地一企业捐赠彭清林现房一套。此外，当地还有多名企业家奖励彭清林数万元的奖金。

此前，公安部门已授予彭清林一等治安荣誉奖章，杭州市见义勇为基金会授予他见义勇为积极分子荣誉称号，奖金30,000元。外卖平台授予彭清林"先锋骑手"称号和5万元现金奖励，杭州站点还将他纳入了储备站长的名单。

彭清林表示，政府给予的荣誉和奖励他收下了，但企业对他的奖励捐赠，他希望反哺家乡的教育事业，"希望不要再出现更多个人捐赠了，我真的很感谢大家的善意。但是我希望大家能把钱用到更需要的地方。有需要我的地方，我还是会继续帮助大家的。"彭清林说。

（2023年6月16日《人民日报》微信公众号）

学习目标：了解新闻评论的含义及其与新闻的区别，掌握评论播音的基本要求与备稿方法，运用正确的备稿方法写出新闻评论的分析笔记。

案例导入：某电视台公开招聘新闻评论节目主持人，面试的最后一项内容是播报一条新闻评论稿件。专业基本功突出的王明同学过五关斩六将，顺利进入了最后的面试。他语音规范、流畅完整地播报了评论稿件，信心满满，却没被录取。什么原因呢？他后来了解到，考官给他的评语是评论播音像新闻播报，态度不鲜明，观点不突出，没有层次感。你认为王明同学的问题主要出在哪里？

一、新闻评论的特点及其与新闻的区别

新闻评论是社会各界对新近发生的新闻事件所发表言论的总称。它是一种写作形式、一种传播力量、一种社会存在，以传播意见性信息为主要目的和手段。

新闻评论的特点：由论点、论据、论证三要素组成；具有政策性、针对性和准确性；用正确的观点引导受众，用独特的见解吸引受众。

新闻与新闻评论的区别：新闻用事实说话，不直接表述作者的观点；而评论是通过对新闻事件的分析直接地、明确地表达观点、看法，表明态度，提出解决问题的方法，起到引导舆论、指导社会生活的作用。

二、新闻评论播音的基本要求

观点鲜明、逻辑严密、以理服人。

可以学习借鉴中央电视台《新闻1+1》、凤凰卫视《时事开讲》中的评论播音。

三、新闻评论播音的备稿方法

按照备稿六步的方法对稿件进行分析：

1.划分层次。通过划分层次，弄清评论文章的发展脉络，理顺思路，掌握文章结构。

2.概括主题。主题是稿件的中心思想，是稿件中提出的主要问题，是作者通过具体人物、事件反映出来的看法、主张、态度等。这是播音员主持人进一步了解作者的创作意图、掌握稿件的精神实质，激发播讲愿望必做的工作。概括主题要准确、具体，要有思想升华，不能只是内容大意的概述。这要求播音员主持人不断加强文化修养，提高观察分析能力与业务素养等。

3.联系背景。这是明确稿件播出的针对性，调动强烈的播讲愿望的重要环节。背景指两方面内容：一是上情——与稿件内容有关的党和政府的方针、政策、中心工作，以及国内外形势等；二是下情——指社会现实情况，包括好的方面和存在的问题。

4.明确目的。就是要明确播出目的，明确播出这篇评论的社会意义和作用，这对播音起着统帅作用。

5.分清主次。处理好评论的主次关系，有助于稿件表达得准确、鲜明、生动。

6.把握基调。基调是指稿件总的感情色彩和分量。这一步要处理好两个统一：理解与表达的统一，播音基调和稿件基调的统一。

第1、2步是解决稿件"是什么"的问题，第3步是解决"对谁播"的问题，第4步是解决

"为什么播"的问题,第5、6步是解决"怎么播"的问题。

课堂训练

例稿2.1

关税大棒拦不住中国发展

今天(9月1日)出版的《人民日报》发表钟声文章,题目是《关税大棒拦不住中国发展》。

文章说,面对美方一些人不断升级经贸摩擦,中方始终坚持站在公道正义一边,彰显以实力和韧性为支撑的充沛底气。

文章指出,中国有近14亿人口的大市场,有世界上规模最大的中等收入群体,消费升级正在加速,消费市场潜力巨大,为中国经济高质量发展提供了巨大动力。中国经济蓬勃发展,使中国成为外国企业无法忽视的投资沃土。

文章强调,中国市场的魅力故事诠释了时与势的逻辑和规律,雄辩地说明中国前进的步伐无可阻挡。美方一些人逆大势而动的任何企图,都是违背规律的行径,绝不可能得逞。

(2019年9月1日中央电视台《新闻联播》)

例稿2.2

中国航天:可靠、稳定、成熟

《主播说联播》,今天要说的主题是"回家"。相信大家都看到了,就在今早,神舟十五号三名航天员顺利返回地球。在空间站出差半年后,神十五乘组终于安全回家。打开舱门后,熟悉的声音传了出来,大家感觉良好,状态很好,身体很好。关注央视新闻直播的网友应该会发现,直播过程中听到最多的词就是"正常""明白""感觉良好"。三个高频词,反映的是中国航天不仅有开拓创新,还非常可靠、稳定,技术不断成熟,一切都安排得明明白白,让人安心,感觉良好。实际上,这次三名航天员返回,从撤离空间站到安全着陆,整个流程大家都已经非常熟悉了,给人的感觉是一切如常,一切正常。有一种感觉良好就叫一切正常,有一种成熟也叫一切安排得明明白白,包括着陆后航天员的第一顿饭都有个性化的安排,吃的也都是家的味道。

让人印象深刻的还有几个细节,今天航天员返回地面时正值清晨,红日初升,航天员出舱后,以朝霞为背景,与国旗同框,那画面真的很美。航天员邓清明说,无论年龄多大，被祖国需要就是最幸福的。邓清明这次飞天不易，等了二十多年，成功飞天让他更相信坚持的力量、梦想的力量。航天员张陆和大家分享了一句话：眼有星辰大海，胸怀赤胆忠心。

　　神舟十五号航天员这次出差完成了多个"首次"，见证了中国空间站的建成。这些成绩也是航天员坚持和努力的见证。其实，不光对航天员，对我们每个人来说，无论年龄多大，只要有梦想，眼有星辰大海，就如同红日初升，其道大光。星光不负赶路人，也祝中国航天其道大光，继续感觉良好。

（2023 年 6 月 4 日《央视新闻·主播说联播》）

训练提示：在播音前对新闻事件进行深入了解，写出备稿分析笔记；结合评论播音的特点，明确稿件评论的观点、态度，正确积极地引导舆论。

任务拓展

1.写出课堂训练例稿《中国航天：可靠、稳定、成熟》的备稿分析笔记。

2.搜集3—5条评论播音素材，并对其进行编辑，制作成完整的新闻评论音频节目。

问题思考

1.新闻评论的含义及其与新闻的区别是什么？

2.评论播音的语言特点是什么？

评价方法

考核表

考核模块	考核内容	考核方式	考核点	分值
（一）知识与技能目标	1. 对评论播音备稿理论知识进行回顾、总结。	理论测验	1. 准确说出评论播音的含义、播音基本要求和备稿方法。	10
	2. 对评论例稿进行模拟播报。	技能训练	2. 掌握评论播音的特点和备稿方法； 3. 写出备稿分析笔记，分析准确； 4. 播音基调正确，重点突出，观点、态度鲜明； 5. 语言规范，清晰流畅。	20
	3.将课堂训练例稿制作成一期完整的新闻评论音频节目，时长5分钟。	作品评审	6. 正确运用评论播音的备稿方法； 7. 策划、文稿、稿签齐全； 8. 播音基调正确，状态积极，能把握评论语体的特点； 9. 观点鲜明，逻辑严密，以理服人； 10.节目完整，背景音乐协调。	50

考核模块	考核内容	考核方式	考核点	分值
（二）过程与方法目标	4.合作完成节目成品的过程表现。	综合评价	1. 获取、搜集、整理信息，甄选有价值的信息； 2. 制订、实施工作计划； 3. 分析、发现、解决问题； 4. 具有运用理论知识的能力； 5. 及时完成工作任务。	10
（三）情感、态度、价值观目标	5.出勤纪律、工作态度（违反第一条，10分全无）。		1. 遵守工作纪律，自我约束力强，不迟到、早退、旷课； 2. 有职业道德和社会责任感； 3. 有较强的新闻敏感性，有一定的新闻工作者的人文关怀意识； 4. 语言沟通能力、组织协调能力强，与团队成员团结协作，共同完成工作任务； 5. 实事求是地完成工作评价，给出合理分值。	10
评分标准：优 90—100 分，良 80—89 分，及格 60—79 分 总分＝自我评分（20%）＋小组评分（30%）＋教师评分（50%）				
改进建议				

项目二　短评播音

课前热身（即兴评述）：根据下面的新闻，进行即兴评述，要求主题突出、观点鲜明、状态积极、语言流畅，时长3分钟。

中国队胜日本队夺得女篮亚洲杯冠军

2023 年女篮亚洲杯今天（7月2日）下午在澳大利亚悉尼落幕。在决赛中，中国队在上半场落后 9 分的情况下，凭借下半场的精彩表现，以 73 比 71 逆转战胜卫冕冠军日本队，在终结对手五连冠的同时，时隔 12 年再次夺得该项赛事的冠军。

（2023 年 7 月 2 日中央电视台《新闻联播》）

学习目标：了解短评的特点，掌握短评播音的技巧，运用评论播音技巧进行评论播报。

案例导入：刘明在一个新闻节目组实习，由于专业突出，制片人让他尝试新闻短评的播音。刘同学信心十足，可播完后制片人连连摇头，说这条短评播得完全没有对象感、交流感，目的不突出，像一潭死水。刘同学慌了，短评中的事件他没有听说过，也没有了解过，到底要怎么播才符合要求呢？

一、短评的特点

1. 短小精悍

短评短小精悍，一方面体现为篇幅短小，字数在500字左右；另一方面体现为评析内容具体、立论角度集中、结构简约、文字精练。短评不是社论或评论员文章的缩写形式，而是抓住新闻报道或评析对象的某一点进行议论，力求行文精简，不蔓不枝。

2. 新鲜独特

首先，短评的选题要新鲜，抓住最具时效性的新闻报道或新鲜事实进行分析和评价；其次，立论角度要新颖，观点要独到，能够从新的视角观察事物，作出与众不同的分析，并得出具有个性的见解和结论；最后，要引入新的论据，采用新的表述方式，给人以新的信息和启迪。

3. 生动灵活

一是短评的分析说理应该生动活泼，运用多种议论手法使文章富有生气；二是短评的结构方式应灵活多样，依据不同的评析对象谋篇布局，变换文章开头、结尾；三是短评的语言文字应精练幽默、言之有物、短小有趣。

二、短评播音的技巧

1. 确定对象抓态度

确定对象：对象最好设计成与所播内容有关的、对所播内容感兴趣的人，以便于交流。播音员主持人要感到受众在听，随着内容深入而产生共鸣，产生强烈的播讲愿望。

抓态度：指播音员主持人要明确对稿件的看法。一是要有态度，与原稿一致，导向正确；二是态度要鲜明、分寸得当。

2. 结合实际抓目的

结合实际：指结合社会实际。

播音员主持人要深入理解稿件内容，做到有感而播。可以联想自己身边发生的与稿件相似的事情去感受、体会。平时多看、多听、多观察、多积累。

抓目的：指抓宣传目的，也就是播讲目的。播音员主持人要弄清楚文章针对什么问题，为什么要发表，为什么在现在这个时间点发表，作用如何。

可以学习借鉴中央电视台《新闻联播》中的短评播音以及《新闻1+1》《焦点访谈》等节目。

课堂训练

例稿2.3

不可阻挡的前进步伐——论学习贯彻习近平总书记在庆祝中华人民共和国成立70周年大会上重要讲话

今天（10月4日）出版的《人民日报》发表评论员文章，题目是《不可阻挡的前进步伐——论学习贯彻习近平总书记在庆祝中华人民共和国成立70周年大会上重要讲话》。

文章强调，中华民族积蓄的能量太久了，要爆发出来去实现伟大的中国梦。今天，社会主义中国巍然屹立在世界东方，没有任何力量能够撼动我们伟大祖国的地位，没有任何力量能够阻挡中国人民和中华民族的前进步伐。

文章指出，前进步伐不可阻挡，是因为我们在历史前进的逻辑中前进，在时代发展的潮流中发展。迎着民族复兴的壮丽前景，在一代又一代人的接力奔跑中，中国人民和中华民族一定能把圆梦的辉煌写在不远的将来！

（2019年10月4日中央电视台《新闻联播》）

例稿2.4

国安立法尊重香港实际符合国际惯例

本台今天（7月3日）播发央视快评《国安立法尊重香港实际符合国际惯例》。

快评指出，放眼全球，国家安全立法都属于中央事权，任何国家都不会坐视本国安全受损而无动于衷。近年来，美国、英国、德国等许多国家也先后通过了多部国家安全立法，可见国家安全立法是中央政府的权力和责任，也是国际通行实践。港区国安立法通过法律的力量，对危及国家安全与"一国两制"的行为敲响警钟，为守法市民的权利和自由提供保障，符合国际通例和法治原则，广大香港市民和国际社会都将从中受益。

（2020年7月2日中央电视台《新闻联播》）

例稿2.5

培养更多高技能人才和大国工匠

12月10日，全国第一届职业技能大赛在广东省广州市开幕。习近平总书记发来贺信并强调，大力弘扬劳模精神、劳动精神、工匠精神，激励更多劳动者特别是青年一代走技能成才、技能报国之路，培养更多高技能人才和大国工匠，为全面建设社会主义现代化国家提供有力人才保障。

习近平总书记的重要指示，深刻阐明了技术工人队伍在国家发展中的战略地位和时代意义，为广大劳动者的成长成才和职业发展指明了前进道路，必将极大地激发大国工匠精神，为中国制造和中国创造提供强大的物质支撑和精神引领。

劳动者素质对一个国家、一个民族发展至关重要。党的十八大以来，以习近平同志为核心的党中央高度重视提升劳动者素质和职业技能工作。从加快发展现代职业教育，到大规模开展职业技能培训，再到积极举办职业技能大赛等一系列重大举措，为广大技术工人提供了广阔的自我提升空间、技能展示舞台和交流切磋平台。广大技能人才要奋勇拼搏、把握机遇，在新时代锻造新技能，实现新梦想。

当今世界，综合国力的竞争归根到底是人才的竞争、劳动者素质的竞争。我国制造业和服务业的发展正迈向中高端水平，对劳动者素质和技能提出了更高要求。然而，我国技术工人队伍和劳动力市场仍然存在一些深层次结构性矛盾亟待解决，例如：技术工人队伍特别是高技能劳动者的数量还存在短缺；技术工人的能力和水平还跟不上科技进步和产业升级的快速变化；技术工人的供给与企业、市场的最新需求还不完全匹配。

工欲善其事，必先利其器。要加强顶层设计，打通体制机制障碍，健全技能人才培养、使用、评价、激励制度，畅通技能人才职业发展通道；要凝聚市场、企业、学校等多方合力，为技能人才发挥作用搭建宽广舞台，营造出创业创新的良好氛围；要在全社会弘扬精益求精的工匠精神，培养更多大国工匠，为中国经济的创新驱动和高质量发展凝神聚气。

"十四五"壮阔蓝图已经铺就，让我们厚植工匠文化，培养更多高技能人才和大国工匠，用广大劳动群众的聪明才智和勤劳双手，在全面建设社会主义现代化国家新征程中，乘风破浪，开拓进取，久久为功，去建功立业，开创新的辉煌。

（2020年12月11日，央视网）

训练提示：

1. 深入理解新闻事件，做到有感而播；

2. 抓目的：理解文章针对什么问题、为什么发表；

3. 播音时态度鲜明、分寸得当。

任务拓展

1.编辑课堂训练例稿并播音,制作成完整的新闻短评节目。

2.搜集本周发生的重大新闻事件或突发事件,策划一档5分钟的新闻短评节目,写出策划文案及短评文稿,编辑、制作成完整的新闻短评节目。

问题思考

1.新闻短评的特点是什么?

2.怎样把握短评播音的技巧?

评价方法

考核表

考核模块	考核内容	考核方式	考核点	分值
（一）知识与技能目标	1.对短评播音理论知识进行回顾、总结。	理论测验	1.准确说出短评的特点和播音技巧。	10
	2.对短评例稿进行模拟播报。	技能训练	2.掌握短评的特点,言之有物,短小有趣; 3.播音基调正确,态度鲜明; 4.结合社会实际,体现播讲目的,观点正确,重点突出,逻辑严密; 5.语言规范,播音流畅。	20
	3.搜集本周重大新闻事件或突发事件,策划完成一期5分钟的新闻短评节目。	作品评审	6.运用短评的播音技巧进行播音; 7.节目策划、文稿、稿签齐全; 8.播音基调正确,态度鲜明,目的明确; 9.语音规范、清晰流畅; 10.节目完整,音乐协调。	50
（二）过程与方法目标	4.合作完成节目成品的过程表现。	综合评价	1.获取、搜集、整理信息,甄选有价值的信息; 2.制订、实施工作计划; 3.分析、发现、解决问题; 4.具有运用理论知识的能力; 5.及时完成工作任务。	10
（三）情感、态度、价值观目标	5.出勤纪律、工作态度(违反第一条,10分全无)。		1.遵守工作纪律,自我约束力强,不迟到、早退、旷课; 2.有职业道德和社会责任感; 3.有较强的新闻敏感性,有一定的新闻工作者的人文关怀意识; 4.语言沟通能力、组织协调能力强,与团队成员团结协作,共同完成工作任务; 5.实事求是地完成工作评价,给出合理分值。	10
评分标准:优90—100分,良80—89分,及格60—79分 总分 = 自我评分(20%)+ 小组评分(30%)+ 教师评分(50%)				
改进建议				

项目三　夹叙夹议的述评

课前热身: 根据下面的新闻,进行即兴评述,要求主题突出、观点鲜明、状态积极、语言流畅,时长不少于3分钟。

一场"村BA"总决赛　"打"出乡村振兴精气神儿（节选）

"水很深,风很大,没有球技别说话""发型到位,气质高贵,全村呐喊,篮球万岁"……这个初夏,朗朗上口、朴实接地气的助威横幅成为"村弹幕","村BA"的热度被贵州省安顺市西秀区小寨村再次点燃。

虽然举办地点位于乡村,但火爆的赛事吸引了"篮球圈"的各路大咖前来观战。6月11日晚,"快手村BA"贵州安顺站进入最终的总决赛角逐。中国男篮名宿巴特尔为总决赛开球,还化身"人形投篮器"助力小球员扣球。矢进宏、陈登星等业内扣篮达人也在现场带来花式扣篮表演,点燃全场氛围。

这场"村BA"观众席上人山人海,没抢到最佳观赛座位的村民们就另辟蹊径,坐在地上、拎上板凳、架起梯子,观赛姿势不是重点,找到绝佳观赛位才是正事。

在总决赛颁奖环节,奖品更是"接地气",季军大西桥镇领到了大鹅,亚军西秀区扛回家了几担子腊肉,冠军紫云县则喜提"大鹅＋腊肉＋农耕机"的奖品大满贯。活动筑梦大使巴特尔还亲自为冠军紫云县颁发奖杯,给出了真诚祝贺。

据了解,在整个赛程期间(6月2日—6月11日),比赛的直播总观看人次超3亿,相关话题视频总播放量达到了4.5亿。

可以预见,"村BA"不仅火出圈,更是火成了国家级赛事。6月7日,农业农村部网站发布《农业农村部办公厅 体育总局办公厅关于举办全国和美乡村篮球大赛（村BA）的通知》(以下简称《通知》)称,为推动宜居宜业和美乡村建设和农民体育高质量发展,决定组织开展全国和美乡村篮球大赛。

当聚光灯照向无数普通人的篮球追梦故事时,也在不断为乡村体育建设注入数字化新动能。快手运营副总裁薛苏透露,为了给线上"老铁们"带来更加身临其境、丰富多元的观赛体验,此次"村BA"在直播技术、赛事内容和嘉宾阵容等多方面都进行了升级。

"村BA"在展现篮球热血时,也在以体育为切入点传递着美好的乡村文化。据了解,贵州安顺小寨村的这场比赛,主办方已经把视角从场内扩大到场外,现场围绕"吃、喝、玩、乐"四大主题打造了"小寨集市",尽显当地的文化底蕴。

贵州相关部门负责人在不久前表示,目前正积极与各行各业的企业接洽,将特色农产品、乡村旅游景区推广出去。下一步将放大格局,向全国推广"美丽乡村"篮球联赛,让更多人感受篮球的幸福感。同时,将苗族文化、民俗活动、非遗项目等更好地融入其中,充分展现当地的文化自信与自豪。

(2023年6月14日人民网,记者许维娜)

学习目标:了解述评的特点,掌握述评的形式和述评播音的技巧。

案例导入:小张是一档评论节目的实习主播,每次遇到述评他就犯难了,制片人总说他没有处理好述和评的关系,语言啰唆,述评没有做到严肃、郑重而又有亲切感和信任感。如何才能解决这些问题呢?

一、述评的特点

夹述夹议的述评,多用在导语、解说词、串联词中,少则十几个字,多则百余字,形式自由、位置灵活。点评的内容,出自主持人对新闻信息迅速而敏锐的反应。它是播音员主持人对新闻价值的准确把握,对社会现实情况的深入了解。特点是:引发共鸣、点到为止、深化意义、预见趋势、纠偏补正。

二、述评的表达形式以及述与评的关系

述评主要有三种表达形式:一是先评后述(概括式)。这时的评论往往出现在开始,主要作用是提示和点题。二是先述后评(总结式)。这时的评论往往出现在结尾,主要作用是总结全文、深化主题、画龙点睛、启迪思维等。三是边述边评(包容式),即边叙述事实,边进行评论,以发表对所述事实的看法。

述、评二者的关系是:述是评的基础,评是述的深化。也就是说,述是铺陈,评是点染。一般说来,评的语言不宜太长,应精辟、简练。

三、述评的技巧

1. 选准评论切入点,寓理于情

述评是叙述和评论相互穿插的一种表现方法,"评"是表达一种认识,这种认识要富有哲理,富有激情;叙述时要选择"评"的契机,掌握火候,做到恰到好处。它往往是即事生议、就议述事的浑然结合。合理运用它,能达到事显理明和平添情致的艺术效果。

2. 处理好感情态度与语气,寓情于理

备稿时,播音员主持人就要将评论播音中的"情"融入表达。随着议论的深入,"情"也不断浓密,"寓情于理",体现宣传目的。播音员主持人应运用中肯、抒情、自然交流的语

气，随着逻辑的不断深入，自然地显露出播讲目的。

3. 如何把握节奏

不同的稿件有不同的节奏。述评时不能语速过快，应给受众留下回味和思考的余地。恰当停顿，在不影响语义的情况下，增强说服力和感染力；以理服人，寓情于理，情理交融。

课堂训练

例稿2.6

高考如何填志愿

大事小情有一说一，《国生开讲》相当有理。

现在呀正是高考填报志愿的时候，那城市、学校专业可供选择的志愿这么多，怎么填才好呢？真是乱花渐欲迷人眼呐！怎样才能看得更清楚呢？昨天呢，看到一个说法：不妨用牛眼看需求，鹅眼看志愿。是不是挺有意思？这是怎么个说法呢？从科学角度来说啊，牛的眼睛里啊有个类似放大镜的结构，看到的东西呢往往比原样大一些。正因为如此，牛在人面前驯良温顺。而鹅呢，刚好相反，什么东西在它眼里啊都比原样缩小了一些，所以鹅不怕人，你看它常常会伸着脖子追着人咬。有的鹅能看家，比看家犬还好用，就是这个道理。所谓牛眼看需求，鹅眼看志愿，就是把填报的志愿呢看得小一点，把社会那个需求啊你看得大一点，更多地考虑一下社会对我们的需要，更好地融入时代的发展，让个人的发展跟时代的进步相向同行。这样啊更能够成为有用的人，更大概率地能够做好自己的人生规划，再落实到填报志愿上就容易选对，所以更多地琢磨填报表上哪个城市更繁华、哪个学校名气更大、哪个专业更吃香这样的选择呀，还不一定就是对的。总之，填报志愿不要跟风。

这正是：高考怎么填志愿？社会需求很关键，抬起脑袋看世界，融入时代大发展。

（2023 年 6 月 29 日湖南交通频道《国生开讲》）

例稿2.7

一次执法

大事小情有一说一，《国生开讲》相当有理。

近日啊，山东青岛一名街头艺人在表演的时候被举报了，民警来到现场之后的一段话，引发无数网友点赞，我们来听听。

【民警】我们今天来是因为有举报的，我们才来了，来了以后我们就按照规矩办事对吧？来了以后，他刚才说没有任何手续啊，没有任何手续我们就不能让他演了，那么你们自愿的，如果说愿意给他，因为他付出了劳动，你们自愿地给他点钱，这是可以的，没有任何问题啊好不好。但是呢，今天就到此为止了，如果还有给钱的可以继续给，但是没有给钱的，我建议大家该回家的回家。如果说他明天到我们分局报备完了，他再过来演没有任何问题啊，不光他在这演，我们还给他执勤。

你看看这段录音前后啊都比较长，我们是挑重点给大家听了一段。这位民警耐心地对周围群众进行说明和解释，主要的含义刚才大家都听到了：我们今天来是因为有人举报，演出人员呢，没有任何手续，你们自愿给钱是没问题的。但今天就到此为止了，如果他明天在我们分局报备完毕了，再过来演没有任何问题，不光他在这演，民警还会给他执勤，维持秩序。一件暖心小事，怎么被网友一下子推上热搜了呢？究其原因，是老百姓对民警换位思考的认同。街头艺人在城市演出是为了赚钱糊口，某种程度上，也是在满足城市居民的娱乐需求。但未经报备的演出行为涉嫌违规违法，作为执法人员的民警有责任处理，这是他的工作。那同样是执法处理，"恶语伤人六月寒，良言一句三冬暖"，一句"如果报备合规，我们明天给他执勤"拉近了民警和群众之间的距离，充满了人情味啊！短短一分多钟的解答，这不就劝进了网友的心里吗？一次柔性执法，温暖的是街头艺人，感动的是无数群众。城市的发展面临各式各样的问题，执法者不光有刚性的一面，也有温柔的一面。

这正是：执法讲力度，也要有温度，公道在人心，听着多舒服。

（2023 年 6 月 30 日湖南交通频道《国生开讲》）

例稿2.8

<h2 align="center">景区收费该不该</h2>

国事家事天下事，事事关心，生产生活生命力，生生不息，《国生开讲》正在讲。

最近啊，关于景区外围建了围挡防偷窥的话题，一度引发热议。本月1日，有网友拍视频爆料，黄河壶口瀑布旅游区陕西这一边啊，沿线的围墙被拆除了。昨天呢，当地的风景名胜区管理局工作人员回应说，领导正在现场处理此事。今年5月，有网友拍下了黄河壶口瀑布景区沿线被砌围墙的视频，游客要想欣赏这瀑布美景，必须购买门票。你不买门票就看着了，那能行吗？我砌个墙把你挡上。这一度引发质疑啊，如今呢围墙被拆除了，不少网友拍手叫好，纷纷喊话其他类似景区也跟上步伐，把围墙给拆了。有网友表示，景区规划呀应该有更长远的眼光，避免浪费人力物力。确实啊，最近一段时间以来，不少景区挡景的做法引发诸多诟病，景区里边的景色不让你看，你要想看景色，买票进场。不少网友就吐槽说，这是在"祖国的山河里挖呀挖呀挖，砌长长的围墙再把票价加"。

如何摆脱门票经济的依赖，也成了业内外人士讨论的焦点。长期以来，得益于门票经济，景区呢可以躺着赚快钱，从而满足于圈地卖风景。数据显示，在景点旅游时代，门票产生的收入，曾占许多地方旅游总收入的 70% 以上，但今时已经不同往日了。进入大众旅游时代之后，游客需求日益多样化，对景区的品质也提出了更高的要求。有统计数据就表明啊，如今旅游产业链效益，大约是门票价值的 7 倍，因此不少景区啊别说拆围挡了，门票都不收了，就是为了聚人气、引流量。但话说回来，这无论是对于景区，还是当地政府部门来说，都是一个非常大的考验，比单纯收门票要复杂得多。所以围墙拆除之后，下一步又该怎么做，才是黄河壶口瀑布景区以及当地有关部门更该思考的问题。

（2023 年 7 月 3 日湖南交通频道《国生开讲》）

训练提示：

1.在播音前了解新闻事件，认真备稿；

2.把握播音态度和目的，注意语言节奏，给受众回味和思考的余地；

3.运用中肯、抒情、自然交流的语气，使语气和感情相得益彰。

任务拓展

1.对课堂训练例稿进行编辑、播音，制作一期完整的新闻述评音频节目，时长5分钟。

2.搜集本周最新事件的评论，对其进行编辑、播音，制作一期完整的新闻述评视频节目，时长5分钟。

问题思考

1.述评有哪些特点？

2.如何把握述评播音的技巧？

评价方法

考核表

考核模块	考核内容	考核方式	考核点	分值
（一）知识与技能目标	1. 对述评播音理论知识进行回顾、总结。	理论测验	1. 准确说出述评播音的基本要求和播报技巧。	10
	2. 对例稿进行模拟播报。	技能训练	2. 掌握述评播音的技巧和特点； 3. 语言规范，播音流畅； 4. 观点正确，逻辑严密，态度分寸得当； 5. 评论语体特征把握准确。	20
	3. 搜集最新新闻事件的评论并播音，编辑、制作一期完整的新闻述评视频节目，时长 5 分钟。	作品评审	6. 运用述评技巧进行述评播音； 7. 策划、文稿、稿签齐全，导向正确，主题突出； 8. 语音规范，播音流畅，编排合理，制作精良； 9. 述评结合，融情入理，情理交融； 10. 准确把握述评播音的态度分寸。	50
（二）过程与方法目标	4. 合作完成节目成品的过程表现。	综合评价	1. 获取、搜集、整理信息，甄选有价值的信息； 2. 制订、实施工作计划； 3. 分析、发现、解决问题； 4. 具有运用理论知识的能力； 5. 及时完成工作任务。	10
（三）情感、态度、价值观目标	5. 出勤纪律、工作态度（违反第一条，10 分全无）。		1. 遵守工作纪律，自我约束力强，不迟到、早退、旷课； 2. 有职业道德和社会责任感； 3. 有较强的新闻敏感性，有一定的新闻工作者的人文关怀意识； 4. 语言沟通能力、组织协调能力强，与团队成员团结协作，共同完成工作任务； 5. 实事求是地完成工作评价，给出合理分值。	10
评分标准：优 90—100 分，良 80—89 分，及格 60—79 分 总分 = 自我评分（20%）+ 小组评分（30%）+ 教师评分（50%）				
改进建议				

项目四　评论播音综合训练

学习目标：强化评论播音语体的训练；加强对评论播音的态度分寸的把握；运用所学理论知识完成例稿播报训练、上镜播报训练；对稿件的新闻事件作出恰当的评论，并以完整的节目形式予以呈现。

训练例稿

例稿2.9

《人民日报》将刊发"宣言"系列署名文章：第一篇《雄关漫道真如铁》

为庆祝新中国成立70周年，从明天（9月26日）起，《人民日报》将连续刊发三篇"宣言"系列署名文章。明天刊发第一篇《雄关漫道真如铁》。

文章说，站在历史交汇点上，习近平总书记指出，"70年披荆斩棘，70年风雨兼程。一路走来，中国人民自力更生、艰苦奋斗，创造了举世瞩目的中国奇迹"。这凝结着对伟大历程的无比珍视，充满着对伟大事业的壮志豪情，给人们以启迪，给未来以昭示。

文章指出，70年来，中国从神州陆沉中奋起，于一穷二白中奋进，在"开除球籍"边缘奋斗，中华民族迎来了从站起来、富起来到强起来的伟大飞跃。回望中华民族的发展史、中国共产党的奋斗史、社会主义中国的创业史，我们愈发感到红色政权来之不易、新中国来之不易、中国特色社会主义来之不易。

文章指出，雄关漫道真如铁。跨越雄关，正是因为我们有比铁还硬的精神，是人民用勤劳的双手创造了共和国的历史，用坚实的臂膀托举起共和国的荣光；跨越雄关，正是因为我们有志不改、道不变的坚定，坚持把马克思主义普遍真理与中国具体实际相结合，不断创造新理论、写就新篇章；跨越雄关，正是因为我们有大公无私、坚强勇毅的领路人，中国共产党以坚定不移的理想信念、舍我其谁的使命担当，带领亿万人民闯关夺隘，从胜利走向胜利。

文章强调，70年辉煌对中国近代历史而言是一个感叹号，对民族复兴伟业而言则是一个逗号。雄关漫道真如铁，而今迈步从头越。真如铁，亦不如信念如铁、意志如钢；从头越，且看那苍山如海、风光无限。

（2019年9月25日中央电视台《新闻联播》）

例稿2.10

《人民日报》将刊发"宣言"署名文章：决胜脱贫在今朝

明天（1月2日）出版的《人民日报》将刊发"宣言"署名文章《决胜脱贫在今朝》。

文章说，习近平总书记在新年贺词中指出，2020年是脱贫攻坚决战决胜之年。冲锋号已经吹响。当历史来到21世纪的第20个年头，千百年来困扰中华民族的绝对贫困问题即将历史性地画上句号，我们将全面建成小康社会，实现第一个百年奋斗目标。

文章指出，接力奔跑，仍需加劲冲刺；千年追寻，圆梦就在今朝。回望历史，丰衣足食一直是中国人民最朴素的愿望。照见现实，一个不忘初心、牢记使命的百年大党，正带领亿万人民向着消除绝对贫困的目标发起最后总攻。谁都不能否认，今天的中国，书写了"最成功的脱贫故事"；谁都不能否认，今天的中国，回答了"谁能使中国长治久安"；谁都不能否认，今天的中国，向世界贡献了减贫脱贫的中国智慧。

文章指出，中国共产党带领中国人民创造世所罕见的脱贫奇迹，靠的是自力更生、艰苦奋斗的志气，靠的是精准科学、务实笃行的精神，靠的是无私奉献、忘我牺牲的担当。摘帽不是终点，而是新生活、新奋斗的起点。一任接着一任干、一代接着一代干，才能以尺寸之力积千秋之功。

文章号召，岁月不居、时节如流，不变的是内心的执着和坚定。旌旗猎猎、击鼓催征，需要的是百折不挠的意志和行动。历史已经铸就，历史正在创造，历史将铭记我们这一代人的奋斗与坚毅。行动起来，胜利属于英雄的中国人民。

（2020 年 1 月 1 日中央电视台《新闻联播》）

例稿2.11

社会主义是干出来的 幸福是奋斗出来的

本台今天(6 月 11 日)播发央视快评《社会主义是干出来的 幸福是奋斗出来的》。

快评说，社会主义是干出来的，幸福是奋斗出来的。有党和政府持续努力，有各族群众不懈奋斗，今后的生活一定会更好更幸福。在宁夏考察时，习近平总书记进农村、访社区、谈脱贫、话小康，大力倡导实干作风，深情歌颂奋斗精神，极大激励了各族人民团结奋斗，创造更美好的明天。

快评指出，今天，我们正在迎来全面建成小康社会决战决胜的历史时刻，越是到攻坚期、决胜期，越需要咬紧牙关、跨越难关。在这个奋斗者的时代，让我们以饱满的状态、昂扬的精神，在持续的奋斗中攻坚克难，奋力跑好全面建成小康社会的"最后一公里"，为开启全面建设社会主义现代化国家新征程打下坚实基础。

（2020 年 6 月 11 日中央电视台《新闻联播》）

例稿2.12

美干涉中国内政是"双标"把戏

新华社今天（6月18日）播发新华时评，题目是《美干涉中国内政是"双标"把戏》。

时评说：在美国政客眼里，这一所谓法案又是一个干涉中国内政、遏制中国发展的"工具"。可在世界人民眼中，这个被美方玩烂了的"老哏"，除了又一次暴露出美式虚伪"双标"外，别无他用。

明眼人都能看出来，美国炒作"维吾尔人权"，只是以此为幌子干涉中国内政，挑拨中国的民族关系，根本企图是搞坏、搞乱中国。美国的这种做法早有先例。当其需要时，利比亚、叙利亚、伊拉克人权都是"关心"对象，而当这些国家陷入水深火热之后，美国却两手一甩、不管不顾。

美国政府近年来大肆渲染"中国威胁"，并以此为借口对中国采取全方位施压的强硬政策。在涉疆、涉藏、涉港、经贸，以及当下的新冠病毒溯源问题上，美方采取一系列干涉中国内政、损害中方利益的错误言行。根本原因是美方仍然秉持"零和博弈"的落后思维，而这终将为时代所淘汰。

（2020年6月18日中央电视台《新闻联播》）

例稿2.13

大力弘扬伟大的抗美援朝精神——纪念中国人民志愿军抗美援朝出国作战70周年

本台消息，明天（10月22日）出版的《人民日报》将发表社论，题目是《大力弘扬伟大的抗美援朝精神——纪念中国人民志愿军抗美援朝出国作战70周年》。

社论强调，前进道路上，我们仍然会面临各种各样的风险挑战，会遇到各种各样的荆棘坎坷，要学好党史、新中国史、改革开放史、社会主义发展史，大力弘扬伟大的抗美援朝精神，牢记初心使命，坚定必胜信念，发扬斗争精神，增强斗争本领，以压倒一切困难而不为困难所压倒的决心和勇气，向第二个百年奋斗目标进军。

（2020年10月22日中央电视台《新闻联播》）

例稿2.14

《人民日报》评论员文章：《"爱国者治港"新实践 选贤举能开新篇》

本台消息，明天（5月9日）出版的《人民日报》将发表评论员文章，题目是《"爱国者治港"新实践　选贤举能开新篇》。

文章说，第六任行政长官选举严格按照香港特区基本法、全国人大及其常委会有关决定和香港特区有关选举制度进行，选举过程依法依规、公开公正、平稳有序。

文章强调，今年是香港回归祖国 25 周年。我们坚信，贯彻落实习近平总书记和党中央治港方略，坚定走符合香港实际的民主发展道路，落实"爱国者治港"原则，就一定能凝聚香港社会各方面力量，推动香港经济、政治、社会、文化等协调发展，不断开创香港更加美好的未来！"一国两制"在香港的实践必将取得更大的成功！

（2022 年 5 月 8 日中央电视台《新闻联播》）

例稿2.15

这13条工作要求，剑指"自媒体"乱象

《主播说联播》，今天我来说。相信大家在浏览"自媒体"时会注意到一些怪现象，有的"自媒体"开篇一张图，内容全靠编，甚至连开篇的图都是假的；还有的"自媒体"集纳负面信息、翻炒旧闻旧事、蹭炒社会热点事件、消费灾难事故，为了流量变现无下限。

针对"自媒体"乱象，中央网信办日前发布了关于加强"自媒体"管理的通知，总计提出了 13 条工作要求。从严防假冒仿冒行为，到强化资质认证展示；从规范信息来源标注，到加强信息真实性管理，再到加注虚构内容或争议信息标签等，可以说每一条工作要求都坚持问题导向，彰显精准治理。用网友的话来形容就是："条条切中要害，好！"

此次治理还强化了网站平台的主体责任。我们给大家举几个例子，网站平台应当要求"自媒体"对其发布转载的信息真实性负责；"自媒体"因违规行为增加的粉丝数量，网站平台应当及时核实并予以清除。这些规定都很有针对性，主打的就是要守土尽责。对于相关平台来说，清除"自媒体"乱象，不能打瞌睡，更不能装睡；不能眉毛胡子一把抓，玩"隔墙撂砖头——砸着谁算谁"的游戏。说到底，"自媒体"不能自行其是，平台不能躺平。

说到治理"自媒体"乱象，很多人都会想到八个字：绵绵用力、久久为功。这次治理的目标很明确，就是通过健全常态化管理制度机制，推动形成良好的网络舆论生态。因此，相关平台要打起精神，主动作为，每个"自媒体"也要守住底线，不踩红线。大家一起努力，让网络空间更清朗。

（2023 年 7 月 10 日《央视新闻·主播说联播》）

任务拓展

1.根据训练例稿策划一期评论播音节目，编辑、制作成完整的节目。

2.搜集最新的新闻事件评论并播音，编辑、制作一期完整的新闻评论节目，时长5分钟。

评价方法

考核表

考核模块	考核内容	考核方式	考核点	分值
（一）知识与技能目标	1. 对新闻评论播音理论知识进行回顾、总结。	理论测验	1. 准确说出新闻评论的含义、分类、播音特点、备稿方法。	10
	2. 选择一篇课堂训练例稿进行备稿，写出分析笔记，并播音。	技能训练	2. 掌握新闻评论的含义、分类、播音特点、备稿方法； 3. 备稿六步齐全，分析准确； 4. 播音语言规范、流畅； 5. 层次清晰，状态积极，情感充沛，态度分寸得当。	20
	3. 以小组为单位，策划一期新闻评论节目，并采访、撰稿、编辑、播音，制作成完整的评论播音节目。	作品评审	6. 运用新闻评论播音的备稿方法进行准备； 7. 运用叙述、议论等多种语言样式对新闻评论进行播音； 8. 策划、文稿、稿签齐全； 9. 播音基调正确，状态积极，把握评论语体的特点； 10. 语言规范，播音流畅，节目编排合理，制作精良。	50
（二）过程与方法目标	4.合作完成节目成品的过程表现。	综合评价	1. 获取、搜集、整理信息，甄选有价值的信息； 2. 制订、实施工作计划； 3. 分析、发现、解决问题； 4. 具有运用理论知识的能力； 5. 及时完成工作任务。	10
（三）情感、态度、价值观目标	5.出勤纪律、工作态度（违反第一条，10 分全无）。		1. 遵守工作纪律，自我约束力强，不迟到、早退、旷课； 2. 有职业道德和社会责任感； 3. 有较强的新闻敏感性，有一定的新闻工作者的人文关怀意识； 4. 语言沟通能力、组织协调能力强，与团队成员团结协作，共同完成工作任务； 5. 实事求是地完成工作评价，给出合理分值。	10
评分标准：优 90—100 分，良 80—89 分，及格 60—79 分 总分 = 自我评分（20%）+ 小组评分（30%）+ 教师评分（50%）				
改进建议				

模块三　新闻专稿播音

项目一　新闻专稿播音的备稿

课前热身: 阅读下文,完成一篇口头小议论文。(要求新闻评论观点正确、鲜明,状态积极,语言流畅,时长不少于2分钟。)

国际赛场的中国标准

中国体育用品业联合会副主席、泰山体育产业集团董事会主席卞志良在《焦点访谈》节目中表示,在企业的初创期,用精密仪器测算数据是不太现实的,只能用一些"土办法"。正是凭借着这样的韧劲,泰山体育开启了从对标国际标准做产品到不断迈向国际赛场的征程。目前,泰山体育的竞技器材已经服务了奥运会、冬奥会、亚运会等近2000次国内外大型赛事。

按照别人的标准提升制造水平只是第一步,真正想在国际体育舞台站住脚,最终还是要靠标准。中国体育用品业联合会副主席兼秘书长、全国体育用品标准化技术委员会主任委员罗杰在接受《焦点访谈》节目的采访时表示:"标准实际上是一个行业的话语权,中国有大体量的市场和制造的群体,最终我们走向国际实际上要靠标准。"

（2023年2月19日中央电视台《焦点访谈》）

学习目标: 了解新闻专稿的含义、特点与分类,掌握新闻专稿的播报要求与备稿方法,运用备稿方法写出新闻专稿的分析笔记并播音。

案例导入: 播音与主持艺术专业大四学生李潇暑假到电视台实习,节目组有一篇新闻专稿让他播报。他播完以后请节目组长审听,组长说不行,你这是一般的新闻播报。然后,组长让他观看了中央电视台的新闻专稿电视片。看后,他明白了,新闻专稿和一般的新闻播报的确不一样。

一、新闻专稿的含义、特点与分类

1. 新闻专稿的含义

新闻专稿是详细、生动的新闻报道。

2. 新闻专稿的特点

新闻专稿属于新闻报道范畴，与消息一样提供新闻事实，虽然时效性要逊于消息，但比消息更加详细、具体、生动，也更有深度。

3. 新闻专稿的分类

新闻专稿通常分人物通讯、事件通讯、风貌通讯三类。

人物通讯：通过人物的言论和行为，表现人物的思想品格，揭示人物的精神境界，弘扬真善美，树立学习榜样。

事件通讯：通过详细叙述一个引人关注的事件，说明一个问题，表现一定的思想意义和社会意义。

风貌通讯：通过详细报道某地区、某单位的自然风光、人文历史、风土人情以及新情况、新变化，使人扩大视野、增长知识、陶冶情操、开阔胸怀，受到多方面的启发、教育和鼓舞。

二、新闻专稿的播音特点

新闻专稿的写作特点决定了其播音特点，就是准确、真实、生动。

准确：内容准确、基调准确、层次分明、语意抱团。

真实：感情真实、表达朴实。

生动：形象鲜活、表达灵活、分寸得当。

三、新闻专稿播音的备稿步骤

运用备稿六步，深刻分析新闻专稿的内容、细致感受新闻专稿的情景，在产生真情实感的基础上，准确把握基调，产生强烈的播音愿望，促成形象生动、真实感人的播音表达。

课堂训练

分小组各选定一条新闻专稿,共同备稿(可对稿件进行适当缩编),查找背景,明确播出目的,确定基调。

例稿3.1

<h2 style="text-align:center">人物通讯——索玛花儿为什么这样红(节选)</h2>

眼前这位苗族汉子矮小、苍老,40岁的人看过去有50开外,与人说话时,憨厚的眼神会变得游离而紧张,一副无助的样子,只是当他与那匹驮着邮包的枣红马交流时,才透出一种会心的安宁。

整整一天,我们一直跟着他在大山中被骡马踩出的一趟脚窝窝里艰难地走着,险峻处,错过一个马蹄之外,便是万丈悬崖。

傍晚,就地宿营,在原始森林的一面山坡上,大家燃起篝火,扯成圈儿跳起了舞。他有些羞涩地被拉进了跳舞的人群,一曲未了,竟如醉如痴。

"我太高兴了!我太高兴了!"他嘴里不停地说着。"今晚真像做梦,20年里,我在这条路上从没有见过这么多人!如果天天有这么多人,我愿走到老死,我愿……"忽然,他用手捂住脸,哭了,泪水从黝黑的手指间淌落下来……

这就是那个一个人、一匹马、一条路,在大山里默默行走了20年的人吗?

这就是那个20年中行程26万公里——相当于21趟二万五千里长征、绕地球赤道6圈的人吗?

这就是那个为了一个简单而又崇高的使命,在大山深谷之中穷尽青春年华的人吗?我流泪了。

在这个高原的夜晚,我永远地记住了他——四川省凉山彝族自治州木里藏族自治县马班邮路乡邮员王顺友。苗族名字:咪桑。

王顺友的话不多,却见心见肝。他说,他常常觉得自己这一辈子就是为了走邮路才来到人世上的。

父亲老了,他把邮包和马缰绳交到了19岁的儿子手上,那一刻,王顺友觉得自己长大了。他开始沿着父亲走过的邮路启程,负责木里县至白碉乡、三桷垭乡、倮波乡、卡拉乡的马班乡邮投递,邮路往返584公里。

年轻的乡邮员第一次感受到了马班邮路的遥远和艰辛。他每走一个班要14天,一个月要走两班,一年365天,他有330天走在邮路上。他先要翻越海拔5000米、一年中有6个月冰雪覆盖的察尔瓦山,接着又要走进海拔1000米、气温高达40摄氏度的雅砻江河谷,中途还要穿越大大小小的原始森林和山峰沟梁。他这样描述自己的生活:冬天一身雪,夏天一身泥,饿了吞几口糌粑面,渴了喝几口山泉水或啃几口冰块，晚上蜷缩在山洞里、大树下或草丛中与马相伴而眠。如果赶上下雨，就得裹着雨衣在雨水中躺一夜。同时，他还要随时准备迎接各种突来的自然灾害。

有一次，他走到一个叫白杨坪的地方，下起了暴雨，路被冲毁了，马一脚踩滑跌向悬崖间，他想伸手去拉，也掉了下去，幸亏双双被一棵大树挡住。他摔得头破血流，眼睛和半边脸肿得没了形。当时他真想大哭一场，盼望着有个人来帮一下多好啊！可是除了马、邮件，什么都没有。

这些艰辛在王顺友看来还不是最苦的，最苦的是心头的孤独。邮路上，有时几天都看不到一个人影，特别是到了晚上，大山里静得可怕，伸手不见五指，他能感觉到只有风声、水声和不时的狼嚎声。家中操劳的妻子、年迈的父母、幼小的儿女……此刻就会像走马灯一样在他的脑子里转，泪水落下一行，又落下一行。于是他便喝酒，让自己的神经因麻木而昏睡过去，因为明天还要赶路。

如果仅仅是为了一个饭碗，王顺友在这条马班邮路上或许早就坚持不住了。让他最终坚持下来的，是这条邮路传达给他的一种神圣。

"每次我把报纸和邮件交给乡亲们，他们那种高兴劲就像过年。他们经常热情地留我住宿，留我吃饭，把我当成共产党的大干部。这时，我心里真有一种特别幸福的感觉，觉得自己是一个少不得的人！"这是王顺友最初感受到的乡邮员工作的价值。

白碉乡乡长王德荣曾对他说过这样的话："你的工作虽然不是惊天动地，但白碉乡离不开你。因为你是我们乡唯一对外的联络员，是党和政府的代表。藏民们有一个月看不见你来，他们就会说：'党和政府不管我们了。'你来了，他们就觉得党和政府一直在关心着他们！"这话让王顺友心里滚烫。

于是，王顺友在马班邮路上一年一年地走下来，至今已经走了20年，而且还在继续走着。邮路上的每一天，他都是穿着那身绿色的邮政制服，他说："山里乡亲们盼望我，其实是盼望穿这身制服的人。"邮路上每一天，他都像保护命根子一样保护着邮件，白天邮包不离身，晚上邮包当枕头，下雨下雪，他宁肯自己淋个透，也要把邮包裹得严严实实。邮路上的每天，他都会唱起自编的山歌，雅砻江的苗族人本来就爱唱歌，他说："山歌是我的伴，也是我的心。"

邮路上的深山里零零星星地散居着一户户人家，他们附近没有集镇，更没有邮局，王顺友就成了这条路上的"流动邮局"。20年中，他代收、代发信件和包裹不计其数。他走邮路的时候，总有一些乡亲拿着信件和包裹早早在路边守候着，请他代寄到外地。很多山里的人不知道邮寄信件和包裹是需要邮资的，每次王顺友都是一声不响地收下，回到县城后，再自己掏钱贴上邮票或付上邮费，把它们寄出去。

王顺友是幸福的，他的幸福来自于他的工作。尽管他长年一个人默默地行走，但是他的胸膛间却激荡着大山内外的心声；尽管他身躯矮小，但是他却在党和人民之间托起了一条血脉相连的纽带；尽管他朴实如石，但是他又挺立如山。他就像高原上的一道脊梁，用无声的力量实践了自己心中一个朴素的信念：为党和政府做事了不起，为人民做事了不起！

5月的凉山，漫山遍野盛开着一片一片火红的花儿，如彩虹洒落在高原，恣意烂漫。同行的一位藏族朋友告诉记者，这种花儿叫索玛，它只生长在海拔3800米以上的高原，矮小，根深，生命力极强，即使到了冬天，花儿没了，它紫红的枝干在太阳的照耀下，依然会像炭火一样通红。

噢，索玛花儿……

（2005年6月2日新华社，记者张严平）

例稿3.2

事件通讯——十八洞村 从贫困苗乡到小康村寨

2013年11月，习近平总书记来到湖南湘西州十八洞村考察，首次提出"精准扶贫"。牢记总书记嘱托，当地坚持因人、因户精准施策，扎实推进脱贫攻坚。2017年，十八洞村脱贫摘帽。这两天，记者来到这里，看到的是村里产业兴旺，家家户户都有稳定增收的渠道，昔日的贫困苗乡如今变成了小康村寨。

一大早，十八洞村千亩猕猴桃产业园一派忙碌，一场农技培训正在进行。今天的课程是教大家修剪枝叶，培训的老师叫龙兴贵，是土生土长的十八洞村人。

十八洞村地处武陵山集中连片特困区，山多地少、资源匮乏，虽然过去也有扶持政策，但因为针对性不强，结果是"年年扶、年年贫"。

2013年11月，习近平总书记来到十八洞村，同大家一起商量脱贫致富奔小康之策。在这里，他首次提出"精准扶贫"。

习近平说："我们在抓扶贫的时候，切忌喊大口号，也不要定那些好高骛远的目标。扶贫攻坚就是要实事求是、因地制宜、分类指导、精准扶贫。"

接下来的脱贫攻坚工作，当地紧紧围绕"精准"二字展开。扶贫工作队驻村后的第一件事就是挨家挨户调查，把贫困人口、贫困程度、致贫原因搞清楚，把贫困户精准识别出来。2014年6月，十八洞村225户939人最终识别出建档立卡贫困户136户533人。

在如何发展产业上，新的问题又来了。扶贫工作队经过调研，决定与当地农业龙头企业共同发展猕猴桃种植，可有些村民不买账。

为打消顾虑，扶贫干部一方面帮他们申请来了贷款，另一方面，带村民去四川的猕猴桃产业基地取经，学习技术、熟悉市场。现在，不仅十八洞村的猕猴桃拿下了海外销售的通行证，村民们也能定期领到分红。

　　不仅是猕猴桃，这几年，十八洞村还先后发展起了苗绣、牛羊养殖等，靠这些产业支撑，2017年2月，十八洞村成为湖南第一批退出贫困序列的村子。到2019年，十八洞村年人均纯收入超过14,400元，是精准扶贫前的8.6倍，村集体经济从零增长到200万元。

　　如何推进全面脱贫与乡村振兴有效衔接？站在新起点上的十八洞村再一次精准发力。聚焦农旅融合，十八洞村在2020年成立了村集体经济联合社，新建民宿、打造景点。这段时间，村民们就利用农闲时机，排练新的苗族迎宾鼓舞。现在，每年来这里旅游的人数超过了40万人。

　　脱贫攻坚开展以来，湖南投入专项扶贫资金432亿元，派出56,000多名干部驻村帮扶，全省51个贫困县、767万贫困人口全部脱贫摘帽。

　　　　　　　　　　　　　　　　　　（2021年1月20日中央电视台《新闻联播》）

例稿3.3

风貌通讯——老城区迎来新生活

　　如今，人们吃穿不愁了，更要讲究生活的舒适。南京市通过精准、精细服务，用"绣花功夫"编织群众美好生活，在让老城区绽放新活力的同时，让群众生活更宜居、更舒心。今天（7月9日）的《奋斗百年路 启航新征程·小康梦圆》系列报道，我们就一起走进南京，去感受一下老社区居民们的新生活。

　　在南京秦淮区，通过棚户区"微更新"，居民们过上了舒心的小康日子。住在小西湖片区的张德恕夫妇今年有了自己的专属厨房，管道燃气、油烟机、冰箱、洗碗池一应俱全。之前，他们居住的小院里，5户十几口人一直共用一个厨房。

　　小西湖片区有不少老旧小区和棚户区，人均居住面积不足12平方米，因为是历史风貌区，这里文物建筑与棚户交错，导致基本生活设施难以配套，居民居住条件差。

　　2015年起，秦淮区想方设法统筹规划改造，在不破坏历史风貌的同时摸索出片区改造升级的新路径——"微更新"。一方面，对老宅子进行除险加固；另一方面，请来设计师重新设计小区布局，增设公共空间，美化景观。秦阿姨家改造一新的小院子如今种满了花草，几十年的石榴树、葡萄树也都保留下来。

　　当地政府还同步规划建设微型地下管廊、消防系统、服务中心、邻里支持中心、智能控制中心，全方位提升居民生活环境。如今，南京已完成1282个老旧小区改造，受益群众39万户。2020年完成在册406幢危房治理任务。

　　　　　　　　　　　　　　　　　　（2021年7月9日中央电视台《新闻联播》）

训练提示: 对新闻专稿进行备稿分析时,要深刻理解、细致感受,准确把握全篇基调。播音时努力做到形象生动、真实感人。

任务拓展

1.各小组根据所给通讯例稿,撰写一期新闻专稿节目策划并播音,制作成完整的新闻专稿节目。

2.自主搜集专稿素材,撰写一期新闻专稿节目策划并播音,制作成完整的新闻专稿节目。

问题思考

1.什么是新闻专稿? 新闻专稿在写作上与消息有何异同?

2.新闻专稿在播报上有何特点和要求?

3.三种不同类型的新闻专稿各有何特点?

4.新闻专稿播音如何备稿?

评价方法

考核表

考核模块	考核内容	考核方式	考核点	分值
(一)知识与技能目标	1. 对新闻专稿播音理论知识进行回顾、总结。	理论测验	1. 准确说出新闻专稿的含义、分类、播音特点。	10
	2. 选择一篇课堂训练例稿进行备稿,写出分析笔记,并播音。	技能训练	2. 掌握新闻专稿播音的备稿方法和播音特点; 3. 写出备稿分析笔记,分析准确; 4. 播音基调正确,语言规范,播音流畅; 5. 层次清晰,状态积极,情感充沛,节奏富于变化。	20
	3. 以小组为单位,策划一期新闻专稿节目,并采访、撰稿、编辑、播音,制作成音频节目。	作品评审	6. 运用新闻专稿的备稿方法进行准备; 7. 运用叙述、描写、议论、抒情等不同语言样式对新闻专稿进行播音; 8. 策划、文稿、稿签齐全; 9. 播音基调正确,状态积极,主题突出; 10. 语音规范,播言流畅,节目编排合理,制作精良。	50

续表

考核模块	考核内容	考核方式	考核点	分值
（二）过程与方法目标	4.合作完成节目成品的过程表现。	综合评价	1. 获取、搜集、整理信息，甄选有价值的信息； 2. 制订、实施工作计划； 3. 分析、发现、解决问题； 4. 具有运用理论知识的能力； 5. 及时完成工作任务。	10
（三）情感、态度、价值观目标	5.出勤纪律、工作态度（违反第一条，10分全无）。		1. 遵守工作纪律，自我约束力强，不迟到、早退、旷课； 2. 有职业道德和社会责任感； 3. 有较强的新闻敏感性，有一定的新闻工作者的人文关怀意识； 4. 语言沟通能力、组织协调能力强，与团队成员团结协作，共同完成工作任务； 5. 实事求是地完成工作评价，给出合理分值。	10
评分标准：优 90—100 分，良 80—89 分，及格 60—79 分 总分 = 自我评分（20%）+ 小组评分（30%）+ 教师评分（50%）				
改进建议				

项目二　人物通讯播音

课前热身： 对"七一勋章"获得者张桂梅的事迹进行评述，要求评述清晰、准确，态度鲜明，状态积极，语言流畅，时长3分钟。

"七一勋章"获得者：点亮乡村女孩人生梦想的张桂梅

今天（7月16日）的"七一勋章"获得者，为您介绍点亮乡村女孩人生梦想的优秀人民教师、全国优秀共产党员张桂梅。她推动创办了面向贫困山区女孩的免费女子高中，帮助她们圆了大学梦。

荣获"七一勋章"、参加完庆祝中国共产党成立100周年大会后，云南丽江华坪女子中学校长张桂梅就匆匆赶回云南。华坪女高今年有150名学生参加了高考，她惦记着学生们。

1996年，张桂梅从大理主动要求调到丽江华坪县教书，在假期走访中，她发现贫困山区的女孩很多都早早辍学，导致贫困代际传播。她立志创办一所免费女子中学。2008年，在各级党委政府支持下，全国第一所公办免费女子高中成立。作为校长，张桂梅为学生们制定了非常严格的作息时间，每天早晨五点半早读，晚上11

点半熄灯。

从 2008 年建校以来,华坪女高有近 2000 名女孩考上大学。如今,有的当了医生,有的参军入伍,还有的回到这里当了老师。

常年超负荷的工作,让张桂梅身患 20 多种疾病,但她依然坚守在这里,像一盏灯照亮孩子们的梦想。

(2021 年 7 月 16 日中央电视台《新闻联播》)

学习目标:了解人物通讯含义及其写作特点,掌握人物通讯播音的要求与技巧,运用人物通讯的播音技巧进行人物通讯播音。

案例导入:

用生命履行铮铮誓言

2021年11月26日12时30分,云南省西双版纳边境管理支队执法调查队获取重要线索:一名境外毒贩已将大量毒品从境外运送入境,急于出售。

时任执法调查队副队长的蔡晓东与战友经分析研判,立即开展侦查。12月4日,专案组实施抓捕行动。

在追捕过程中,蔡晓东遭遇毒贩开枪射击。"有枪!"枪响过后,蔡晓东大喊,立即掩护紧随其后的战友。腿部中枪后,他一边英勇还击,一边继续追击。他强忍疼痛,拼命向前追击十余米后,因伤势过重,瘫倒在地。身后战友见状开枪还击,急速向蔡晓东靠拢。战友们对蔡晓东大腿中弹部位紧急包扎时,发现他的防弹衣上有2处弹孔。战友小左立即脱下他的防弹衣,才发现蔡晓东的右侧胸骨和左腋下还有2处中弹。在送医途中,蔡晓东壮烈牺牲,生命定格在38岁。

2006年6月,出身于警察家庭的蔡晓东大学毕业后,毅然投笔从戎,加入了英雄辈出的先进集体——原云南公安边防总队。

2017年7月,蔡晓东获悉:有人在境外囤积了大批毒品,可能要运往境内。经过近3个月的深入排查,最终锁定嫌疑人。

2017年9月29日23时,在收网抓捕过程中,目标车辆突然加大油门试图强行冲卡,堵截组和抓捕组双管齐下将目标车辆逼停。车辆还未停稳,蔡晓东就跃出车外,持枪上前。

"警察!别动!"蔡晓东一边大喊,一边用枪托砸着车窗。嫌疑车辆加速后退,试图调头逃窜。蔡晓东迅速跟上,砸碎车窗伸手拉开车门,另外2名侦查员迅速赶到,控制了犯罪嫌疑人。

清点毒品时,蔡晓东才发现玻璃碎片还深深扎在手臂上,鲜血直流。此案查获了冰毒169.7公斤,抓获犯罪嫌疑人2名。蔡晓东特别注重培养缉毒骨干,传授研判数据、调查取证等技巧。在他手把手的调教下,一个个侦查员由门外汉成为办案的行家里手。

蔡晓东牺牲后，战友们含泪帮他总结了一份工作"成绩单"：15年来，蔡晓东参与侦办毒品案件247起，参加专项缉毒行动358次，抓获犯罪嫌疑人249人，缴获毒品1609.56公斤，培养带领的32名民警立功受奖……

蔡晓东曾荣立个人一等功、二等功、三等功各1次。他牺牲后，被追授全国公安系统一级英雄模范。他用短暂的一生，践行了一名移民管理警察对党、对祖国、对人民的铮铮誓言。

（2023年1月10日《中国青年报》，记者何春中）

一、人物通讯的定义及写作特点

人物通讯是通过详细叙述人物感人的言论和行为，表现人物的思想品格，揭示人物的精神境界的新闻稿件。目的是弘扬真善美，在全社会树立学习榜样，推动社会精神文明发展。

人物通讯在写作上一定要真实可信。通过描述人与自然的矛盾、人与人的矛盾、人物内心矛盾来刻画人物形象，使其有血有肉、有感情、有性格。

写人物通讯时，要注意处理好先进人物与周围人物的关系，可以通过周围人物的言行间接表现先进人物，但不要把先进人物写成神，不要把先进人物孤立起来，不要把周围人物都当作陪衬。

二、人物通讯播音要求

在深刻分析、理解稿件内容的基础上，播音员主持人应充分展开想象，运用情景再现，细致感受稿件描写的内容。表达时要做到：

内容准确、吐字清晰、层次分明、语意抱团；

基调准确、情绪饱满、态度鲜明、表达朴实；

形象鲜活、感情真实、表达灵活、分寸得当。

三、人物通讯播音技巧

深刻分析人物通讯的内容、细致感受人物通讯的情景，在产生真情实感的基础上，准确把握基调和具体的语气节奏，形象生动、真实感人地完成人物通讯的播音任务。

课堂训练

1. 分小组各选定一条人物通讯，共同备稿（可对稿件进行适当缩编），查找背景，明确播出目的，确定基调。

2. 每位同学按照备稿要求对人物通讯进行深刻理解、细致感受，并搜集相关视频，配合画面进行播音练习。

例稿3.4

于敏：为祖国强盛奉献一生

在新中国70华诞即将到来之际，一批为国家建设和发展作出杰出贡献的功勋模范人物，被授予国家勋章和国家荣誉称号，这是以中华人民共和国的名义给予的国家最高荣誉。本台从今天（9月18日）起推出系列报道《共和国不会忘记》，致敬英雄，传承精神。今天我们首先来关注共和国勋章获得者著名核物理学家于敏。

他28载隐姓埋名，填补了中国原子核理论的空白，在原子核理论研究的巅峰时期，为了国家需要，又转而从事氢弹理论研究，为我国氢弹突破发挥了关键作用。

1964年10月，我国第一颗原子弹试验爆炸成功，比原子弹威力更大的氢弹，成为新中国核弹家族急待补充的一员。当时，正在中国近代物理所进行原子核理论研究的于敏，被任命接受了这一国家重任。

氢弹是公认的在原理和结构上都十分复杂的系统，核大国对氢弹技术都是严格保密。于敏从零开始，对氢弹的原理进行研究。他洞察入微的能力对氢弹模型最终的成功起到了至关重要的作用。

1967年6月17日，我国成功地空投爆炸了第一颗氢弹，爆炸威力同于敏计算的结果完全一致。

在随后的第二代核武器研制中，于敏领导并在核武器小型化与中子弹突破中作出重要贡献，他开创了惯性约束聚变和X光激光等研究领域。

作为一个卓有成就的核物理学家，于敏的心中，却时刻抱着对家人的亏欠。2012年，于敏的夫人突发心脏病去世，这也成了他心中最大的遗憾。

于敏生活十分俭朴，在荣誉面前，更是淡定从容。于敏在世的时候只有两次公开露面，一次是被授予两弹一星元勋奖，一次是荣获2014年度国家最高科技奖。

（2019年9月18日中央电视台《新闻联播》）

例稿3.5

奋飞新时代的空中铁拳——空军航空兵某团飞行二大队

空军航空兵某团飞行二大队是人民空军首批组建、首支参战、首立战功的轰炸航空兵部队。新时代，他们紧盯未来空天战场，锻造过硬能力，战巡南海、前出西太、绕岛巡航，航迹不断延伸，战斗力持续提升，成为能打胜仗的空中铁拳。

　　仲夏时节，空军某机场战机轰鸣，数架轰-6K依次滑出，飞赴远海展开对海突击训练。面对海上复杂电磁环境和气候条件，二大队大队长张斌果断抓住发射窗口，快速锁定目标，成功实施打击。

　　轰-6K战机具备长航程、防区外打击的能力，是人民空军重要的空基远程打击力量。几年前，轰-6K列装，大队正式告别临空轰炸的单一作战方式，探索远程精打新路径。轰-6K先进的武器装备、数字化系统对于大队飞行员来说，没有任何经验可以借鉴。面对前所未有的挑战，他们从最大速度到最小阵位，从最大载荷到最大航程，数据一项项积累，边界一点点摸索。

　　面对强敌对手，大队官兵始终以昂扬的战斗姿态奋飞海天，宣示祖国主权。在一次远海任务中，副大队长张成梁与战友驾机刚刚抵达预定空域，就发现几艘外方船只在我海域内非法行动，机组当即申请下降高度进行驱离。

　　伴随战机持续降低高度，海面上翻滚的波浪清晰可见，每降低1米，战机风险都在成倍增加。张成梁紧握驾驶杆，努力保持战机平稳，其他成员操作设备对外方船只进行取证。在机组默契配合下，感受到威慑压迫的外方船只被成功驱离。

　　二大队官兵为党奋飞、向战而行的航迹不断延伸。2015年8月，大队官兵驾驶战机飞越巴士海峡；2016年7月，赴黄岩岛等岛礁附近空域巡航；2018年5月，他们又完成夜间绕飞台岛巡航……逐步实现作战能力由近海向远海、单元向体系、昼间向全时段跃升。在一次海上多兵种体系对抗演习中，二大队多名飞行员驾驶战机和预警机、歼击机、干扰机通联编队，各机型互创条件，联合海上舰船成功摧毁目标。

（2023年6月20日中央电视台《新闻联播》）

　　训练提示：深刻理解、细致感受人物通讯，有画面的可以配合画面进行出声练习。努力做到形象生动、真实感人。

任务拓展

　　1.各小组根据所给例稿，撰写一期人物通讯节目策划并播音，编辑、制作成人物通讯节目。

　　2.自主搜集人物通讯素材，撰写节目策划并播音，编辑、制作成人物通讯节目。

问题思考

　　1.什么是人物通讯？人物通讯在写作上有什么特点？

　　2.人物通讯播音有什么要求？

评价方法

考核表

考核模块	考核内容	考核方式	考核点	分值
（一）知识与技能目标	1. 对人物通讯播音理论知识进行回顾、总结。	理论测验	1. 准确说出人物通讯的含义、特点、播音要求。	10
	2. 选择一篇课堂训练例稿进行备稿，写出分析笔记，并播音。	技能训练	2. 掌握人物通讯播音的备稿方法； 3. 备稿六步齐全，分析准确； 4. 播音基调正确，语言规范，播音流畅； 5. 状态积极，层次清晰，情感充沛，节奏富于变化。	20
	3. 以小组为单位，策划一期人物通讯节目，并制作为成品。	作品评审	6. 运用人物通讯播音的备稿方法进行准备； 7. 运用叙述、描写、议论、抒情等不同语言样式对人物通讯进行播音； 8. 策划、文稿、稿签齐全； 9. 播音基调正确，状态积极，把握人物通讯播音语体的特点； 10. 节目导向正确，主题突出； 11. 语音规范，表达流畅，节目编排合理，制作精良。	50
（二）过程与方法目标	4. 合作完成节目成品的过程表现。	综合评价	1. 获取、搜集、整理信息，甄选有价值的信息； 2. 制订、实施工作计划； 3. 分析、发现、解决问题； 4. 具有运用理论知识的能力； 5. 及时完成工作任务。	10
（三）情感、态度、价值观目标	5. 出勤纪律、工作态度（违反第一条，10分全无）。		1. 遵守工作纪律，自我约束力强，不迟到、早退、旷课； 2. 有职业道德和社会责任感； 3. 有较强的新闻敏感性，有一定的新闻工作者的人文关怀意识； 4. 语言沟通能力、组织协调能力强，与团队成员团结协作，共同完成工作任务； 5. 实事求是地完成工作评价，给出合理分值。	10
评分标准：优 90—100 分，良 80—89 分，及格 60—79 分 总分 = 自我评分（20%）+ 小组评分（30%）+ 教师评分（50%）				
改进建议				

项目三　事件通讯播音

课前热身：请对城市青年热衷骑共享单车现象进行评述。（要求叙述事实准确、条理清晰；评论观点正确、态度鲜明、状态积极、语言流畅，时长3分钟。）

学习目标：了解事件通讯及其写作特点，掌握事件通讯的播报要求，运用事件通讯播音技巧进行事件通讯播音。

案例导入：2020年，网络上出现了一些来自缅甸北部地区的招聘广告。这些招聘广告号称能提供舒适的办公环境、自由的工作时间，并且月薪过万，只是工作的地点在国外。看到这样的招聘信息，一些年轻人不顾家人的反对，踏上了所谓的跨国"淘金"之路。但事实果真如此吗？

骗局屡禁不止，归国路到底有多难（节选）

近期，又有多个家庭的年轻人被骗去缅甸。心急如焚的家长从各地赶去中缅边境的云南镇康县，登上刺树丫口寨的山顶眺望，那里可以直接看到孩子被困的果敢老街。

从缅甸果敢老街到镇康县，直线距离不过10公里。但对被困者和这些寻子家庭来说，实为一段难以逾越的距离。

镇康县城区所在的南伞镇，与缅甸电信诈骗重灾区果敢相邻，坊间有"南伞果敢一座桥，买菜赶集一条街"的说法。也正因此，不少因孩子被困果敢老街的家庭报警后，会在这里等待中缅警方协查解救。

在浙江务工的王娟（化名）便是千里迢迢赶来、住在附近宾馆的家长之一。孩子失联半月，每天上午，她都坐在镇康县公安局刑侦大队门口等消息。记者连着两天碰到她，她没有换衣服，黝黑的皮肤中泛着红红血丝，眼神中透露着疲倦。5月12日一早，王娟给记者发来信息：孩子发来消息报平安，还在等警方进展。

当天的县公安局刑侦大队门口，等待的家长有四五位。他们从四川甘孜、云南昆明、山东济南等地赶来。他们的孩子受高薪工作诱骗，都是最近才被偷渡到果敢老街的。"已经来了半个月了，等不到孩子是不会回去的。"住在宾馆里的王娟焦虑情绪与日俱增。她说："留在这里起码离孩子还近一点，你说回去了我能干吗？

孩子从果敢老街发来求救消息。黄建（化名）着急万分，沿着山路，穿过金沙江，1600多公里车程，他和妻子从四川老家开了几乎一天一夜才到镇康县公安局。黄建报警后，听入住的宾馆老板说，登上刺树丫口寨的山顶，可以直接看到孩子被困的果敢老街。他顾不上头发凌乱和风尘仆仆，马上就上了山顶。50来岁的黄建乡音浓重，普通话不流利。借4月份一次与孩子的视频通话，他截图保存了孩子目前被困地的周围景象，截图里医院、店铺名字都清晰可见。黄建从镇康县公安局出来后的第一件事，就是麻烦宾馆老板的果敢亲戚，用地图翻看截图中的医院。他很确定孩子被困在果敢老街城区，那地方从刺树丫口寨远眺清晰可见。

黄建说，刚来镇康县时想得特别简单，他们手续都齐全，以为向缅甸警方发去协查函就能把人救回来，但是一段时间后，他发现并没有那么容易。

"杨队长告诉我们，从果敢老街到国门这段路虽然不长，但有5道关卡，分别由不同的武装力量把控。即使找到了孩子，也得花时间与各方力量沟通才能放行。"家长们听完后才了解，解救孩子得靠缅甸警方积极配合，要等多少时间谁也说不好。

小伙子曾凯（化名）是刚被送回国的。他的说法与杨队长一致，回到南伞口岸得过5道关卡：从果敢老街到杨龙寨设了3道关卡，杨龙寨到国门还有2道关卡。每道关卡，都有铁丝网拦在路中央，由持枪士兵守着。

曾凯说，他被网友骗到云南，同行者有4人。他们爬过中缅边境铁丝网破洞偷渡到缅甸，其他人都已被要求在所谓的公司"上班"。关在宿舍10多天后，他被送至果敢老街刑侦大队，在国内警方多方协助下，由缅北司法局送回国门。他父亲推测，儿子太老实，口齿不利索，"电信网络诈骗用不上"。

这几天，陆续有孩子从缅甸被送回的消息传来，提振了不少寻子家庭的信心。不过，在这个百余个家庭组成的"缅甸受骗家长"微信群里，孩子顺利回国的家庭目前仅两户。

每个回国的受骗者，都有不同寻常的经历。唯一相同的是，一旦陷入缅甸电信网络诈骗团伙，办公楼每层楼、楼下都有重重持枪者守卫，能靠自己逃出的是少数，更多需要靠政府出面联合解救。

"从一定时期来看，中缅泰（三国联合执法行动）三方会更多停留在警务合作层面。"中国国际问题研究院缅甸问题专家鲍志鹏向记者表示，尽管我国已经做了大量工作，但劝返缅北地区滞留的从事网络赌博电信诈骗人员，需得到缅甸全力支持和配合，不然打击效果会大受影响。

（2023 年 5 月 18 日《钱江晚报》，记者吴越、商泽阳）

一、事件通讯的定义及其写作特点

事件通讯是指通过详细叙述一个引人关注的事件发展变化的过程，说明一个问题，表现一定的思想意义的新闻稿件。

事件通讯一般按时间顺序写，为了叙事生动、主题集中，有时也会用倒叙、插叙手法写。

事件通讯主要为正面报道，提倡、弘扬某种思想、精神，也有少数揭发或提出社会问题的。

二、事件通讯播音要求

叙事清楚，弄清事件的发展脉络；联系事件发生的背景，明确报道目的，从而做到态度鲜明、感情饱满；突出有典型意义的情节、细节，有起有伏地描述事件进程，尤其是高潮，避免平铺直叙。

三、事件通讯播音技巧

深刻分析事件通讯的主题、背景，在明确报道目的的基础上，准确把握基调，态度鲜明、感情饱满地完成事件通讯的播音。

课堂训练

1. 分小组各选定一条事件通讯，共同备稿（可对稿件进行适当缩编），查找背景，明确播出目的，确定基调。

2. 每位同学按照备稿要求对事件通讯进行深刻理解，细致感受，并搜集相关视频，配合画面进行播音练习。

例稿3.6

河南兰考：小康路上打造发展新名片

2014年，习近平总书记两次来到河南兰考，总书记叮嘱兰考的党员干部，要"切实关心农村每个家庭特别是贫困家庭，通过因地制宜发展产业，促进农民增收致富。"落实总书记重要要求，兰考作出了"3年脱贫、7年小康"的承诺。几年来，当地因地制宜，发展壮大产业，顺利脱贫摘帽。

眼下，鸡蛋销售迎来好行情。这两天，张庄村村民闫春光一直在鸡场里忙活，将一筐筐鸡蛋装箱出售。

别看现在的闫春光春风满面，在5年前，他还是村里的贫困户。那一年，他养的1000只鸡遇上了禽流感，赔了几万块钱，鸡场还差点关了门。

也是在那一年，2014年3月，习近平总书记到张庄村看望贫困百姓，来到了闫春光家。

闫春光告诉总书记，他养鸡赔了钱，正在为今后的生活犯愁。总书记鼓励他坚持下去，日子一定会好起来。

那时候的兰考像张庄这样的贫困村，共有115个，像闫春光这样建档立卡的贫困人口有7.7万人，脱贫是最难啃的硬骨头。

落实总书记要求，脱贫攻坚在兰考全面打响。当年，兰考就把345名干部派驻到115个贫困村，不拔穷根不撤队伍。

金融支持、风险补偿等一项项措施相继出台。闫春光成了新政策的受益人。很快，他领到 10 万元的扶持资金，县里的科技服务团也为他送来了技术，春光养鸡场重新开张。几年来，养鸡规模从 3000 只扩大到 10,000 只，闫春光走上了致富路。

几年来，兰考先后培育特色专业村 28 个，发展农民专业合作社 1520 家，家庭农场 167 家。这个国家级贫困县也开始走上了脱贫路，2017 年 3 月 27 日，兰考率先在全国脱贫摘帽。

如今的兰考县，正在因地制宜，打造木材加工、特色农产品畜牧养殖和战略新兴产业等三大主导产业。

（2019 年 9 月 8 日中央电视台《新闻联播》）

例稿3.7

失控的直播打赏（节选）

近年来，网络直播新业态迅速兴起，在推动行业发展、丰富文化供给等方面发挥了积极的作用。但是与此同时，也存在一些乱象，给社会带来不良影响。特别是一些打着所谓情感类直播的打赏活动，让很多人甚至青少年沉溺其中，直至倾家荡产。国家相关部门近几年也不断对相关乱象进行治理，但是主体责任缺失、主播良莠不齐、打赏行为失范等问题多发频发的现象仍然存在。

这位年轻人（黄平）今年 23 岁，是河南省平舆县的一名村民。他给记者看了一沓厚厚的银行转账记录，这些都是他在最近一年左右的时间打赏出去的，总共有一百五十多万。

黄平目前没有工作，从家庭条件看也并不富裕。这么大一笔巨款打赏是从哪里来的呢？黄平的父亲两年前在工地打工，遭遇意外不幸去世，工地一次性支付了死亡赔偿金 145 万元。后来，黄平的母亲也因病去世。之后，黄平和他患有精神疾病的哥哥一起沉迷于网络直播打赏，等到今年 3 月家里人发现时，账户上只剩下 4 分钱。

目前，小黄兄弟俩已经在当地法院提起了诉讼。通过打赏搞得人倾家荡产并不是个例，甚至有人因为打赏影响了企业的生存。在北京市一个服装商城的大厅里，几百平方米的空间空荡荡的。几年前，这家公司的出纳挪用了公款 2000 多万元参与直播打赏，最多的时候一天打赏一万多次。

这位出纳最终被判处 13 年有期徒刑，至今赃款也没有追回来，给企业带来了毁灭性的打击。

一个又一个惨痛的经历让人疑惑，这到底是什么因素导致的呢？其实，直播打赏本身并不是天然具有这么大的危害。它是一种近几年发展起来的网络盈利模式，用户在观看网络直播的过程中，通过花钱刷礼物的方式为主播的工作支付报酬或者表示赞赏。

看到优质的直播内容，用户用打赏来表示谢意也无可厚非。那么，小黄兄弟俩在直播时到底看了什么内容，让他们如此深陷其中，直至能把父亲的抚恤金一分不剩地打赏出去了呢？在他保留的记录里可以看到，一位叫瑶瑶的女主播，小黄一天就为她打赏了15万元。

主播和平台一起营造了洗脑式、非理性的氛围让人"上头"，本身很多人已经难以克制。而在PK时，一些直播间里往往都会出现一些"大哥"或者"老板"，他们豪气的打赏方式引得很多网友跟风效仿，争当"榜一大哥"。

像小黄这样在日常生活中不顺利、经济上也不富裕的网友，在这个过程中很容易得到心理上的满足。但是，在争当"榜一大哥"的网友中，往往有一些是女主播所在的公司自己给自己的主播刷礼物，制造竞争气氛来引你入套。

在这个直播间里（视频），一名网友在主播的鼓励下，在近一个小时的时间里几乎一刻不停地刷着礼物。在种种套路之下，疯狂的直播间就像吸血机一样榨干年轻人的时间和金钱，给社会带来巨大的危害。

2021年2月，国家网信办等七部委联合发布了《关于加强网络直播规范管理工作的指导意见》，指出网络直播打赏平台"主体责任缺失、主播良莠不齐、打赏行为失范等问题多发频发"，要求各平台切实规范直播秩序，坚决遏制不良倾向、行业乱象。2022年5月，中央文明办等四部委又联合出台了《关于规范网络直播打赏 加强未成年人保护的意见》，提出要"禁止未成年人参与直播打赏"。可是，无论是一些平台主体责任，还是主播的行为仍然存在问题。

根据行业管理的要求，2021年我国《关于加强网络直播规范管理工作的指导意见》就提出，网络直播平台建立、健全直播账号分类分级规范管理制度，要针对不同类别、级别的网络主播账号在单场受赏总额、直播热度等方面合理设限，要对单个虚拟消费品、单次打赏额度合理设置上限，必要时设置打赏冷静期和延时到账期。时隔两年多的时间，这些要求一些平台并没有落实。

记者通过查询发现，有少数网络平台在用户进入直播间时会提供这样一个选项，用户可以自己限定打赏额度，设定之后等到打够额度时，会收到相应的提醒。不过，这和指导意见所要求的建立单场受赏总额、单次打赏额度合理设置上限，必要时建立打赏冷静期等并不是一回事。

主播得到的打赏，平台和经纪机构都会参与分成。一般来说，平台要首先分走50%的打赏费用，剩下的由主播和经纪机构来分成。从某平台与主播经纪公司的后台约定中可以看出，他们以当月总流水的梯度金额及任务作为考核。经纪机构的月流水超过500万元，至少可以额外拿到8%的奖励。这种制度就推动经纪公司和主播想方设法去争取更高额度的打赏。

　　说一千道一万,根本还是利益的驱使,导致指导意见难以落实、行业乱象屡禁不止。最新的行业报告显示,我国网络表演(直播与短视频)行业已有超1.5亿网络直播账号、超10亿内容创作者账号、近2000亿元市场营收。这样一个巨大的从业市场,如何更好地规范,保证其良性发展,是一个既复杂又迫切需要解决的难题。网上没有法外之地,希望通过有效治理,让直播间早日实现风清气正。

(2023年5月25日中央电视台《焦点访谈》)

　　训练提示: 深刻理解、细致感受事件通讯,有画面的可以配合画面进行出声练习,努力做到态度鲜明、感情饱满、准确朴实。

任务拓展

　　1.各小组根据所给例稿,撰写一期事件通讯节目策划并播音,编辑、制作成事件通讯节目。

　　2.自主搜集事件通讯素材,撰写节目策划并播音,编辑、制作成事件通讯节目。

问题思考

　　1.什么是事件通讯? 事件通讯在写作上有什么特点?

　　2.事件通讯播音有什么要求?

评价方法

考核表

考核模块	考核内容	考核方式	考核点	分值
(一) 知识与技能目标	1.对事件通讯播音理论知识进行回顾、总结。	理论测验	1.准确说出事件通讯的含义、特点、播音要求。	10
	2.选择一篇课堂训练例稿进行备稿,写出分析笔记,并播音。	技能训练	2.掌握事件通讯播音的备稿方法; 3.备稿六步齐全,分析准确; 4.播音基调正确,语言规范,播音流畅; 5.状态积极,层次清晰,情感充沛,节奏富于变化。	20
	3.以小组为单位,策划一期事件通讯节目,并制作为成品。	作品评审	6.运用事件通讯播音的备稿方法进行准备; 7.运用叙述、描写、议论、抒情等不同语言样式对事件通讯进行播音; 8.策划、文稿、稿签齐全; 9.播音基调正确,状态积极,把握事件通讯播音语体的特点; 10.节目导向正确,主题突出; 11.语音规范,表达流畅,节目编排合理,制作精良。	50

续表

考核模块	考核内容	考核方式	考核点	分值
（二）过程与方法目标	4.合作完成节目成品的过程表现。	综合评价	1. 获取、搜集、整理信息，甄选有价值的信息； 2. 制订、实施工作计划； 3. 分析、发现、解决问题； 4. 具有运用理论知识的能力； 5. 及时完成工作任务。	10
（三）情感、态度、价值观目标	5.出勤纪律、工作态度（违反第一条，10分全无）。		1. 遵守工作纪律，自我约束力强，不迟到、早退、旷课； 2. 有职业道德和社会责任感； 3. 有较强的新闻敏感性，有一定的新闻工作者的人文关怀意识； 4. 语言沟通能力、组织协调能力强，与团队成员团结协作，共同完成工作任务； 5. 实事求是地完成工作评价，给出合理分值。	10
评分标准：优 90—100 分，良 80—89 分，及格 60—79 分 总分 = 自我评分（20%）+ 小组评分（30%）+ 教师评分（50%）				
改进建议				

项目四　风貌通讯播音

课前热身：介绍可爱的家乡。（描述家乡的自然风光、介绍家乡的文人景观；要求叙述重点突出、语言流畅、形象生动、情感真挚、声情并茂，时长3分钟。）

学习目标：了解风貌通讯及其写作特点，掌握风貌通讯的播报要求，运用风貌通讯的播音技巧进行风貌通讯播音。

案例导入：王丽到电视台实习，《社会广角》节目组让她去乡村采访，看看乡村振兴战略实施以来乡村发生的一系列变化，然后写一条风貌通讯。为了开阔思路，她上网发现了一篇好文章。我们一起来看看。

古城缩影平江，演绎诗画江南（节选）

2023年7月5日下午至6日上午，习近平总书记在江苏省苏州市考察，来到平江历史文化街区，了解历史文化名城保护情况。

上有天堂，下有苏杭。古人这句赞叹，置顶苏州千年。南宋时，摹绘平江府即今日苏州城的《平江图》出世，图中所见"水陆并行、河街相邻"之格局延续至今。

一条平江路，半座姑苏城。平江路全长1606米，北接拙政园，南眺罗汉院双塔。平江历史文化街区有各级文保单位20处、控制保护建筑45处，被称为"没有围墙的江南文化博物馆"。

"青砖伴瓦漆，白马踏新泥……"藏身平江河畔的琵琶语评弹艺术馆，慕名而来的年轻人络绎不绝，只为听一曲吴语《声声慢》。不仅评弹，昆曲、苏绣、汉服，在平江路随处可见。

平江，意为大江大河的水流"至此渐平"，"平江顺水"塑造了苏州温文尔雅的特质。

岁月流转，江河不息。平江路的格局、格调千年不变，而今更在活化保护传承中焕发出新的活力。

漫步平江路，眼中不仅有一步一景、温婉宜人的烟火水岸，还有各类丰富多彩、青春活力的艺文空间。近年来，苏州积极开展古城活化利用新探索，将故居旧第转型为文化酒店、企业总部、展示中心，让历史上声名赫赫的古宅古建有了新的"打开方式"。潘祖荫故居修复后，成为平江路上的"网红酒店"。

平江路上部分小区，曾因房屋老旧、设施老化，居民生活不便。街道开展"微更新"，疏通管道、更新外立面、整治周边街巷环境。住了几十年的老街坊看到巷口种回儿时的树种，感动得泪眼婆娑。

在古树的绿荫下泛舟，在沿河的窗棂前听曲品茶，在幽深的老街巷里体验斑斓时光，平江路充沛的文化张力吸引着天南地北的人们，来此"打卡"体验江南之美。

平江路南段，一家书店明亮的玻璃透出温暖灯光。书店一面题为"寄给未来"的墙上，格子里放满了明信片，许多人在这里写下寄往未来的信。

（2023年7月7日新华网，记者刘亢、张展鹏、杨绍功）

一、风貌通讯的定义及写作特点

风貌通讯是以反映社会生活、风土人情、自然风光和日新月异的建设成就为主的一种新闻题材。

风貌通讯往往从现实生活中选择典型的、有特色的地区或单位，抓住最新鲜的迹象，加以突出的描绘，勾画事物发展的新面貌，帮助受众了解变化、开阔视野、增长知识。风貌通讯有的侧重于写自然风貌、人文景观、风情民俗；有的侧重于写社会风貌和动态；更多的是把自然风貌和社会风貌结合在一起，展示给受众一幅幅精美诱人的新景象。风貌通讯的写作特点如下：

1. 亲历观察，突出见闻

风貌通讯采写的关键，在于作者的亲历观察。作者像带领读者参观一般，娓娓动听地给人们介绍自己的所见所闻，将人们带进特定的意境之中。

2. 抓住特征，围绕"变"字做文章

风貌通讯从选材到谋篇布局，必须紧紧围绕一个"变"字，写某地、某单位的新变化、新面貌、新气象，以现实为主，并适当地穿插历史情况和背景材料，主要用于今昔对比，衬托今日的发展变化。同时，要善于写出动中之变，向人们展示正在变化的立体式画面。

3. 物我相融，再现迷人新景象

风貌通讯是反映风土人情的，作者在以叙事为主的同时，可以较多地穿插议论和抒情。作者应当饱含热情，进入角色，将现场见闻、历史事实、群众对话、个人回忆等巧妙地糅合在一起，形成一幅幅情景交融的生活画面，从而激起人们感情的波澜和心理的共鸣。

4. 知识丰富，趣味浓厚

风貌通讯，常常以旅行为"经"，以历史地理、文化科学知识为"纬"，进行综合立体交叉的记叙。人们喜欢风貌通讯，是因为里面有自己感兴趣的知识和情趣。

值得注意的是，风貌通讯中的知识和情趣，都是为表现一定的主题思想服务的。离开了主题思想，就变成"游离物"了。不能堆砌大量的知识，要少而精，恰到好处。特别是有关的历史地理知识，要有目的地引用，千万不要将其写成知识小品和情况汇报。在运用一些逸闻、传说、神话的时候，更要谨慎一点，防止误传。

二、风貌通讯播音要求

播音员主持人要在深刻分析理解稿件内容的基础上，充分展开想象，运用情景再现，细致感受风貌通讯描写的情景。表达时要做到：

1. 内容准确，脉络清晰

注意观察、分析事物的方位变化，步移景换，要有空间转换感。

2. 节奏舒展，朴实热情

心境要比较悠闲，语气从容舒展，好像在说自己的所见所闻一样，但播报主题和目的必须明确，避免播散。

课堂训练

1. 分小组选定以下风貌通讯的部分段落，共同备稿（可对稿件进行适当缩编），查找背景，明确播出目的，确定基调。

2. 每位同学按照备稿要求对风貌通讯进行深刻理解、细致感受，并配合画面进行播音练习。

例稿3.8

岁岁端午日 绵绵家国情（节选）

习近平总书记多次强调要传承发扬好中华优秀的传统文化，而端午文化则是中华优秀传统文化的重要内容之一。2009 年，中国端午节被纳入联合国教科文组织非

遗名录。申遗内容包括了湖北秭归和黄石、湖南汨罗、江苏苏州四个地方的端午文化习俗。这些习俗中除了赛龙舟、吃粽子，还有诗会、神舟会、舞龙灯、祭祀大典等多种多样的内容。那么近些年来，这些端午文化传承和发展得怎样了呢？

湖北秭归的乐平里是爱国诗人屈原的诞生地。每年端午节，这里都会举行诗会，感念屈原不朽精神。

骚坛诗社源于明清时期，诗社成员以农民诗人为主，因此也被称为"泥巴腿子诗社"。1982年，诗社恢复活动。多年来，诗社社员坚持诗歌创作。每年端午节，社员们都会风雨无阻地从四面八方回到乐平里屈原庙前以诗歌来怀念屈原。

社员们吟诵的诗歌是骚体诗。骚体诗源于屈原创作的《离骚》《橘颂》等。农民诗人们秉承屈原文化，沿袭千年诗风，习古韵，唱楚腔，研习"骚体诗"。

58岁的诗社成员宋文兴是地地道道的秭归农民，受当地浓厚的诗歌文化影响，宋文兴从小就对诗歌、韵律十分感兴趣。加入诗社后，宋文兴几乎每天都在写诗，常常是一手锄头、一手诗歌，田间的脐橙、南瓜，农事、时令，都可以成为他诗歌的来源，已发表的诗歌达到1200首。参与写诗创作后，他整个人的精气神都不一样了。

"常是扶犁书在手，半耕半读觅诗行。"诗会的代代传承，也是对屈原文化和爱国精神的坚守。这份坚守和共情在屈原故里比比皆是。

74岁的黄家兆是土生土长的乐平里人，他也是"秭归骚坛诗"市级非物质文化遗产代表性传承人。他从小参加"三闾骚坛诗社"活动，耳濡目染喜爱诗歌。2009年加入骚坛诗社，师从当时的屈原庙守庙人徐正端。2019年徐正端去世后，黄家兆成为新的守庙人。除尘、燃香、纳客，守屈原庙日常内容虽然看似琐碎而平淡，但在他心里却是庄严神圣的。

不过，这样的传承和坚守也面临过困境。（20世纪）90年代，骚坛诗社曾一度难以为继。

把老祖宗留下的文化遗产精心守护好，才能让历史文脉更好地传承下去。2013年以来，秭归当地加大了对诗社扶持的力度，为"三闾骚坛诗社"争取专项经费，举办各类相关活动，邀请诗词专家来培训，为社员们编辑出版诗集等。如今诗社社员从十几人发展到130多人，诗会也已经发展成为全民参与的诗歌盛会。

近年来，当地不断对诗社进行创新发展，拓展其文化品牌影响力。在"三闾骚坛诗社"的影响之下，更多的民间诗社也不断涌现，还吸引了全国各地的诗人和社团来秭归参加活动。

在湖北黄石的西塞山区，每年的端午时节都会举行宏大的仪式。与赛龙舟不同，这里是把扎制好的神舟放入江水中漂走，这是西塞神舟会最主要的一项活动。

西塞神舟会是民众自发自愿组织参加的，以驱瘟、除厄、消灾、祛病和求平安健康、益寿延年为核心主题的端午节活动，有着悠久的历史。西塞神舟会共历时40天，是目前我国端午节活动时间较长的祭祀和祈福活动。

这样文化内涵丰富的神舟扎制出来并不容易。每年端午时节，西塞山区凉山村村民游秋伦和他的团队就会进入一年中最为忙碌的时候。游秋伦今年43岁，他外公是那一带有名的民俗手艺人，以前一直负责神舟的扎制工艺。外公去世后，游秋伦接过了衣钵。

为了不让这项手艺失传，近些年，当地加大了对西塞神舟会的保护力度，投入了不少保护资金。在保护资金的支持下，游秋伦也找来了帮手，一个是外公的师弟——70多岁的老师傅，另一个是30多岁喜欢手工艺的年轻人。

如今，西塞神舟会经过多年的传承发展，已经不仅仅是单纯的祭祀祈福活动，已经成为当地推动文旅融合的一个重要抓手。

家国端午，文明永续。当年参与申遗的三省四地的端午文化习俗在不断传承发展中，绽放出新的光芒。在江苏苏州，祭祀伍子胥仪式、舞龙灯等特色活动已经成为了当地端午时节不可或缺的重要节日内容。

【北京师范大学社会学院人类学民俗学系主任、教授萧放】习近平总书记在文化传承发展座谈会上特别讲到中华民族现代文明，端午节系列活动其实就是中华民族的现代文明。它既有深厚的民族文化底蕴，有几千年，今天我们依然通过这个活动来表现中国人的一个文明观，跟自然协调，对家庭、社会团结的重视，伦理的强调，还有家国情感的传承。

徜徉在端午节日的氛围里，人们插艾草、赛龙舟、吟诵诗歌、纪念先贤，体验各种端午文化，映出浓浓家国情怀。作为中华传统文化瑰宝，端午节展现出的深厚魅力和时代风采，不仅仅是一个节日本身，还在于它深层次的文化传承和诠释。传承中华优秀传统文化并且继续从中汲取养分，在新的历史起点上牢牢把握中华文明突出的连续性，继续推动中华优秀传统文化创造性转化、创新性发展，才能建设好中华民族现代文明。

（2023年6月24日中央电视台《焦点访谈》）

例稿3.9

一刻钟"圈"出美好生活（节选）

从居住的小区步行一刻钟，都能够享受到哪些服务？能否满足生活日常所需呢？不久前，商务部宣布，在全国范围内开展"一刻钟便民生活圈建设三年行动"。所谓"一刻钟便民生活圈"，就是在社区里步行15分钟，大约一公里的范围内，就能够找到各种店铺和设施，满足购物餐饮、养老托育、文化休闲等方方面面不同的需求。从2021年起，全国已经有80个地区进行了试点，建设了大约1400个生活圈，其中有不少是为老旧小区而建的。这些一刻钟生活圈是怎么打造出来的？建设的过程当中有着怎样的故事呢？记者在北京市的两个社区，进行了一个多月的调研。

　　张莘宜是北京广安门外街道莲花河社区的社区书记。很长一段时间，她频繁收到社区老人们的反映，要求建养老驿站，解决老人吃饭的问题。

　　莲花河社区建成近20年，人口5000多人。通过这些年的发展，在步行一刻钟，也就是社区周边一公里范围内，超市、菜店等设施较为齐全，生活便利。但随着社区进入老龄化，老年人占比逐渐超过了五分之一，对养老驿站的需求越发突显。

　　在北京市一刻钟便民生活圈动态地图中，可以清晰看到莲花河社区的一刻钟生活圈便民商业分布情况。圈内有一个养老驿站，但对于莲花河社区的老人们来说，去这里有一个非常现实的困难，就是要过一条交通极为复杂的主干道，路途非常不方便。除此之外，相邻社区也有一个养老驿站，条件也不错，老人们为什么不去这里呢？记者跟随社区书记张莘宜实地走了一趟。

　　看来，周边的养老驿站，确实很难解决莲花河社区的老人用餐问题。老人们的诉求非常强烈，张莘宜更是心急如焚。他们（社区工作人员）计划用社会资本投资和政府补贴相结合的方式建养老驿站，但是摆在她面前的第一个难题就是找不到合适的地方。

　　莲花河社区紧挨北京西客站，人流量大，地段好，周围的商铺一向不愁租售，业主不愿意低价租给社区做公益。而小区内更是找不到闲置空间，这让张莘宜十分发愁。

　　张莘宜面临的难题其实并非个例。商务部研究院的副院长张威近年来一直在全国各地调研一刻钟便民生活圈建设情况。她发现，老小区经过多年发展，周边的配套大多能满足居民买菜、买药等基本需求。近年来，居民对生活品质有了更高的要求。打造一刻钟便民生活圈，就是要不断满足人们对美好生活的需要。但是老旧小区空间不足，又是在建设过程中普遍面临的一大难题。

　　如何盘活存量，找出可利用空间，增加便民设施呢？近年来，各地各部门想了不少办法。北京和平里北街，一辆"退役"闲置的公交车，经过改造变成了一个"小型菜场"；浙江杭州，废弃核酸亭改造成了"亚运青年微站"，向市民提供便民服务；厦门东渡片区，利用老旧小区改造之机，整合低效闲置空间，建设邻里食堂，等等。

　　经过大半年的寻找，5月中旬，张莘宜终于等到了一个好消息。社区的一个底商因为租约到期空了出来，而业主是国资企业，正有意往养老服务领域发展，双方一拍即合。房子找到了，但随之而来的是另一个难题。按照西城区每两万人至少配置一个养老驿站的规定，广外街道已经达到了配置要求。莲花河社区还能不能再增加一个养老驿站呢？

　　张莘宜把社区老人的需求和他们想到的办法反馈给了广外街道，街道负责人经过调研和实地考察，同意了莲花河社区的想法。目前，莲花河社区养老驿站的建设申请已经提交给相关部门，正在审批过程中。

　　问需于民，问计于民，缺什么补什么，因地制宜是一刻钟便民生活圈的建设宗旨。

与莲花河社区同属一个街道的茶马南街社区，是以茶产业为主的大型商住混合社区。这里茶铺林立，商业发达，周边居民的休闲活动空间受到了大幅挤压，他们很希望有一个公共活动空间，在里面能有阅读区、体育活动区和小剧场，等等。广外街道引入了社会资本，想在社区打造这样一个活动空间，经过多方寻找，好不容易在茶城里找到了一个闲置地下仓库。但是新的问题随之而来，这个仓库在规划时就明确要求只能用于仓储货物，不能进行别的用途，如果要改变用途，手续非常烦琐，这下街道办也犯了难。

记者调研发现，老旧小区打造一刻钟便民生活圈碰到的普遍难题：一是小区空间不足，另一个就是空间规划用途与使用用途不相符，在变更用途方面遇到政策上的掣肘。

解决这样的难题，需要的是政策上的突破。广外街道了解到，近年来，商务部等12个部门出台《关于推进城市一刻钟便民生活圈建设的意见》，明确"推动土地复合开发利用、用途合理转换、盘活存量房屋设施"。北京市相继出台了多个措施鼓励利用闲置空间进行便民商业服务，这为茶马南街社区的难题提供了破解思路。

他们顺利将仓库空间的使用范围变更为便民服务，这样，阅读区、体育活动区、理发店等都能够进驻了，但是小剧场还是被卡在了门外。

是否将经营类小剧场纳入便民服务清单中，相关部门和街道一起协商了多次，前前后后经历了近半年的时间。最终，在确定便民活动空间大部分时间用于公益，小部分用于经营后，西城区多个部门决定，共同做一个突破。

老百姓心心念念的小剧场终于落成，平日，这里就成为了社区活动的聚集地，周围社区的老年合唱团就在这里排练。

【商务部研究院副院长张威】政府不是选手，政府更多是解决一些靠市场的力量没有办法解决的问题，通过政府的介入、引导，能够让整个模式运行起来。各个部门积极努力，在守住安全风险底线的前提下进行柔性管理，进行一些传统流通治理领域的制度性改革和创新，更好地提升人民的幸福感、满足感。

5月20日，小剧场迎来了首场商业演出。

据了解，商务部把一刻钟便民生活圈建设纳入主题教育的重要内容，作为践行"商务为民"的具体行动，推动主题教育与便民生活圈建设相结合，近期将会同有关部门出台《全面推进城市一刻钟便民生活圈建设三年行动计划》，指导各地构建多类型的一刻钟便民生活圈。缺什么补什么，百姓有什么需求，政府部门就做什么，努力把社区里的短板补齐，让服务更便利，设施更齐备，居民的获得感、幸福感、满足感也会得到进一步提升。

（2023年6月20日中央电视台《焦点访谈》）

训练提示：播音时，要置身于风貌通讯描绘的情景中，语气从容舒展，好像在说自己的所见所闻一样，表达要真实感人，声音和画面配合良好。

任务拓展

1.各小组根据所给例稿，撰写一期风貌通讯节目策划并播音，编辑、制作成风貌通讯节目。

2.自主搜集素材，撰写节目策划并播音，编辑、制作一期风貌通讯节目。

问题思考

1.什么是风貌通讯？风貌通讯在写作上有什么特点？

2.风貌通讯播音有什么要求？

评价方法

考核表

考核模块	考核内容	考核方式	考核点	分值
（一）知识与技能目标	1.对风貌通讯播音理论知识进行回顾、总结。	理论测验	1.准确说出风貌通讯的含义、特点、播音要求。	10
	2.选择一篇训练例稿进行备稿，写出分析笔记，并播音。	技能训练	2.掌握风貌通讯播音的备稿方法； 3.备稿六步齐全，分析准确； 4.播音基调正确，语言规范，叙事流畅； 5.状态积极，层次清晰，情感充沛，节奏富于变化。	20
	3.以小组为单位，采访、撰稿、编辑、播音，制作一期风貌通讯节目。	作品评审	6.运用风貌通讯的备稿方法进行准备； 7.运用叙述、描写、议论、抒情等不同语言样式对风貌通讯进行播音； 8.策划、文稿、稿签齐全； 9.节目导向正确，主题突出； 10.语音规范，表达流畅，节目编排合理，制作精良。	50
（二）过程与方法目标	4.合作完成节目成品的过程表现。	综合评价	1.获取、搜集、整理信息，甄选有价值的信息； 2.制订、实施工作计划； 3.分析、发现、解决问题； 4.具有运用理论知识的能力； 5.及时完成工作任务。	10
（三）情感、态度、价值观目标	5.出勤纪律、工作态度（违反第一条，10分全无）。		1.遵守工作纪律，自我约束力强，不迟到、早退、旷课； 2.有职业道德和社会责任感； 3.有较强的新闻敏感性，有一定的新闻工作者的人文关怀意识； 4.语言沟通能力、组织协调能力强，与团队成员团结协作，共同完成工作任务； 5.实事求是地完成工作评价，给出合理分值。	10
评分标准：优 90—100 分，良 80—89 分，及格 60—79 分 总分 = 自我评分（20%）+ 小组评分（30%）+ 教师评分（50%）				
改进建议				

项目五　新闻专稿播音综合训练

学习目标： 运用专稿播音的备稿方法、播音技巧，对例稿进行播音；自选教材中的训练例稿进行编辑、播音；自选题材搜集稿件并播音，编辑、制作成新闻专稿节目。

课堂训练

1.人物通讯

例稿3.10

孙家栋：航天报国就是我的初心

系列报道《共和国不会忘记》今天（9月21日）为您介绍共和国勋章获得者孙家栋。今年90岁的中国科学院院士孙家栋，是我国人造卫星技术和深空探测技术的开创者之一，他为中国的航天科技实现一次次的飞跃作出了巨大贡献。孙家栋说，对于航天人来说，爱国就是爱航天事业，就是多为国家作贡献。

1970年4月24日，中国第一颗人造卫星东方红一号从戈壁大漠腾空而起，东方红乐曲响彻太空，中国成为当时世界上第5个用自制火箭发射国产卫星的国家。时年41岁的孙家栋正是东方红一号的总体设计负责人。

在那个物质匮乏的年代，孙家栋等老一辈航天人向世界证明了中国有能力搞航天事业。然而，航天之路并非一帆风顺，失败与挫折也时常伴随左右。1974年11月5日，我国第一颗返回式卫星的发射失败，让孙家栋刻骨铭心。

经过分析，技术人员发现火箭中一根导线的铜丝断裂是导致这次严重事故的主要原因。发射失败让孙家栋十分痛心，他带领大家对每一件产品的质量进行彻底检查，对于存在的问题和隐患立即着手解决。孙家栋认为，只有让每一个部件的质量上去了，中国的航天之路才能走得更远。

上世纪90年代，在孙家栋的带领下，中国开始建设北斗卫星导航定位系统。中国的北斗该如何建设？孙家栋认为，卫星定位系统一定要实现自主可控。

目前，我国的北斗卫星导航系统正在孙家栋等航天人的推动下稳步建设，预计今年我国还将发射 5 到 7 颗北斗卫星，2020 年再发射 2 到 4 颗北斗卫星，届时，中国的北斗全球系统建设将全面完成。

（2019 年 9 月 21 日中央电视台《新闻联播》）

例稿3.11

"七一勋章"获得者：工匠精神的杰出代表艾爱国

今天（7 月 6 日）的"七一勋章"获得者为您介绍坚守焊工岗位 50 多年、工匠精神的杰出代表艾爱国。

这段时间，已经 71 岁的艾爱国依然坚守在一线，和工友一起为项目寻找焊接的最优方案。

艾爱国，湖南攸县人，1968 年 9 月进入湘潭钢铁厂成为一名焊接工人，这一干就是 50 多年。

1983 年，原冶金工业部组织全国多家钢铁企业联合研制新型贯流式高炉风口，风口的紫铜件焊接成为项目的最大难关。还是普通焊工的艾爱国主动请缨，经过 5 个月上百次试验，成功攻克紫铜焊接技术。凭借这次攻关，艾爱国荣获国家科学技术进步二等奖。

半个多世纪以来，艾爱国精益求精、不断突破，集丰厚的理论素养和操作技能于一身，为我国冶金、军工、矿山等行业攻克焊接技术难关 400 多个，改进工艺 120 多项，获发明专利 1 项；先后获得全国职工自学成才奖、中华技能大奖、全国五一劳动奖章。

50 多年来，艾爱国为全国培养焊接技术人才 600 多名，还无偿向 200 多名下岗工人和农村青年传授技术。

（2021 年 7 月 6 日中央电视台《新闻联播》）

例稿3.12

天上有了一颗"樊锦诗星"！"敦煌女儿"再捐1000万

今天，樊锦诗从事敦煌文物工作 60 年座谈会在敦煌举行。

会上正式命名了编号 381323 小行星为"樊锦诗星"，继向北京大学捐资 1000 万元支持敦煌学研究后，樊锦诗再向中国敦煌石窟保护研究基金会捐资 1000 万元，用于敦煌文物事业发展和急需人才培养。捐款来自樊锦诗所获奖金及个人积蓄。

樊锦诗是敦煌研究院名誉院长、全国优秀共产党员，曾获得"文物保护杰出贡献者""改革先锋"等荣誉称号。人们提起她时，总是亲切地称她为"敦煌女儿"。

今年5月4日，时逢北京大学125周年校庆日，樊锦诗回到北大捐款1000万元人民币，设立樊锦诗教育基金，用以支持北大的敦煌学研究。

捐赠仪式上，樊锦诗说："做人不能只为自己打算，一定要使所得奖金用在有益于社会发展的事业上。"

1958年，樊锦诗进入北大考古专业，在洋溢着兼容并包风气的未名湖畔，她沉浸在求实创新的学术氛围里，接受了顶尖的考古学教育，受到了北大精神文化的熏陶，并找到了一生所爱。

1963年毕业后，樊锦诗远赴敦煌。初到敦煌时，"洞内是神仙世界、艺术殿堂，洞外是飞沙走石、黄沙漫天"。但戈壁艰苦的生活条件，并未让樊锦诗打退堂鼓。几十年来，她走遍了莫高窟的每一个洞窟，看遍了每一幅壁画、每一尊彩塑，守望着莫高窟里的历史沧桑、文化纷繁，她将敦煌文化遗产保护、研究以及弘扬、管理工作当成了终身事业。

1987年，莫高窟被批准列为我国首批世界文化遗产，申遗的申报材料全由樊锦诗手写。后来在她的推动之下，一系列保护条例和保护规划出台。

为了让敦煌石窟的文物信息永久保存、永续利用，樊锦诗又带领团队建立起系统的"数字敦煌"资源库，敦煌文化与艺术真正地走出洞窟、走向世界。

"干了一辈子，总是不由自主地想敦煌。"

何为守一不移？樊锦诗所言即所行。

（2023年7月10日《人民日报》微信公众号）

例稿3.13

北京飞控中心青年科技人才群体：精测妙控 逐梦九天

北京航天飞行控制中心是我国载人航天和深空探测的指挥、控制和信息交换中心，是天地间联系的关键枢纽。在这里，有一群平均年龄不到35岁的年轻人，他们以精测妙控的过硬本领，连夺22次重大航天任务全胜，把"中国精度"镌刻在世界航天飞控领域最前沿。

最近几天，北京航天飞行控制中心的飞控团队正在为神舟十五号航天员的首次出舱活动进行准备。

任务中，北京总调度统一协调全航区近百个点号，可谓联通天地、声传八方，"北京明白"已经成为他们响亮的代名词。

近年来，中国航天全年发射次数连创新高，一批批青年科技人才担负指挥调度、轨道设计、空间操控等关键岗位职能，接续完成了空间站建造以及探月、探火等一系列重大航天飞行控制任务。每一次火箭点火发射后，北京航天飞行控制中心就接过了调度指挥的"接力棒"，工作人员立即开始紧张繁杂的初始轨道计算。

航天器从发射到入轨，每一次机动变轨和姿态调整都需要飞控团队进行精准的轨道控制和遥控操作；在轨稳定运行后，飞控团队仍需要24小时不间断地监控，守护各个航天器以及在轨航天员的安全。

除了托举神舟飞天、助力空间建站，飞控团队还牵引天问探火、嫦娥奔月。他们守护玉兔二号月球车在月球背面工作超过4年，目前已累计行驶近1500米，取得大量科学探测成果，而嫦娥五号任务是目前我国技术跨度最大的航天系统工程。

未来，载人登月、行星际穿越、太阳系边际探测……这些年轻的航天人已将目光投向更高、更远的目标。

（2023年1月29日中央电视台《新闻联播》）

2.事件通讯

例稿3.14

端牢"中国饭碗"　筑牢乡村振兴之基

"小康不小康，关键看老乡。"广大乡村地区是感受全面小康的重要窗口。"农业强不强，农村美不美，农民富不富，决定着全面小康社会的成色和社会主义现代化的质量。"新闻联播从今天（7月10日）起推出系列报道《走进乡村看小康》，我们将和您一起看脱贫攻坚取得的历史性成就，看农村生产生活发生的显著变化，看群众实实在在的获得感、幸福感、安全感。今天首先来看，随着乡村振兴战略的实施，我国农业产业结构不断优化，粮食种植的现代化水平和亩产量大幅提高，农民的钱袋子也鼓起来了。

在吉林省农安县合隆镇陈家店村，玉米株高已经达到了一米八左右，长势喜人。

陈忠国说，得益于黑土地的保护性耕作技术，这两年，当地玉米的产量稳步提升。如今，每公顷地比以往要少施一成肥料，粮食却能多产出3000斤，达到26,000斤，仅此一项就能增收3000元左右。

在筑牢粮食生产基础的同时，各地还积极推动农业供给侧结构性改革。新疆奇台县推广有机小麦，带动当地百姓持续增收；广东兴宁县的丝苗米质优价优，得到了农户和市场的多方认可；河南尉氏县的高筋小麦，不仅收购价比普通小麦高出了一成左右，而且各地收购商都上门抢收。

农业产业现代化，一二三产业深度融合，有力推动了农业高质量发展，让乡村振兴之路越走越宽。在黑龙江甘南县的兴十四村，农田夏季植保作业刚刚开始，依靠无人机和田间数字化检测系统，10个人就可以完成全村24,000亩耕地的作业任务。其他村民就可以去村里的玉米深加工等项目打工，或者从事农家乐、乡村游。2020年，兴十四村人均收入达到7.78万元。

现代农业还吸引了大批年轻人回到了农村。在上海青浦区东庄村，随着青年力量的加入，农村也越来越有活力，农业也变得更加有技术含量、更智慧。

（2021年7月10日中央电视台《新闻联播》）

例稿3.15

别有用心的咨询（节选）

近年来，某些西方国家为实现对华遏制打压战略，窃取我国军事军工、经济金融等重点领域的情报信息活动日渐猖獗。国家安全机关侦办多起专案发现，许多背景复杂的境外机构，为规避我国法律法规和重点敏感行业监管，掩饰弱化境外背景，借助国内咨询公司等行业，窃取我国重点领域国家秘密和情报。有的国内咨询公司国家安全意识淡薄，为了牟取经济利益，频繁游走在法律边缘。

近期，国家安全机关会同相关部门，对国内咨询行业龙头企业凯盛融英信息科技股份有限公司进行公开执法。

【上海市国家安全局干警】凯盛融英信息科技股份有限公司拥有1000多家客户，遍布境内境外。业务分为三大块，其中专家访谈占了凯盛融英业务总量的80%，专家访谈就是以专家电话访谈形式为主的。

凯盛融英公司有着庞大的专家数据库，库里的专家数超过30万人。既然公司业务涉及境外咨询，那么咨询的专家来源是什么？在专家的选择上是否又有所禁忌呢？

事实上，专家的来源并不像他们说的那么简单，实际工作中，公司的工作人员还专门围绕境内政策研究、国防军工、金融货币、高新科技、能源资源、医药卫生等重点领域、重要行业物色、挑选有影响力的专家。

【上海市国家安全局干警】凯盛融英公司与每名受访专家均会提前签署含有"免责条款"的业务合同，要求专家自己履行保密责任，自己承担法律后果。相关专家被咨询公司开出的丰厚报酬所吸引，并且认为对方是一家守法合规、管理规范的企业，进而放松了警惕，在涉外咨询中泄露内部敏感内容，甚至是国家秘密和情报，走上了违法犯罪的道路。

韩某某，我国某大型国企高级研究员，因为境外窃取、刺探、非法提供国家秘密、情报罪，被判处有期徒刑6年。

韩某某在单位里的职位是涉密岗位，根据单位的要求，不能在外做兼职。但2015年，在凯盛融英的"盛情"邀请下，韩某某还是成了这里的专家并接受咨询。在第三次咨询中，韩某某的保密底线就受到了挑战。

【韩某某】咨询的时候，涉及产品的成本、产品的利润率、产品的总利润。咨询的过程中，我跟他说这涉及商业秘密，我不愿意提供。

在客户咨询敏感内容时，韩某某直接拒绝，但客户的反馈马上到了凯盛融英那里。韩某某很快就接到了凯盛融英工作人员的电话。

【韩某某】工作人员打电话给我，说只要回答他们提供给我的表格，可以额外支付两倍的咨询费用。

在韩某某做咨询的过程中，凯盛融英的工作人员不仅没有提醒专家注意保密，反而在客户有不正当要求时，为了促成咨询，协助客户说服专家泄密。国家安全机关工作发现，在凯盛融英内部，通过提高报酬利诱专家回答敏感问题只是这家公司其中的一个手段。

【上海市国家安全局干警】凯盛融英公司为了满足客户需求，即使是对一些涉及国防军工、尖端科技等敏感领域的咨询项目，具体负责的项目经理也会在公司内部群发邮件，发动大家围绕军工企业、涉密科研单位多打电话，联系游说掌握相关内部情况的专家接受咨询。公司还告诉专家，可以利用举例子、打比方等"变通"方法，"侧面"回答敏感问题。

长期以来，为了赚取经济利益，凯盛融英公司不仅怂恿重点领域的专家在咨询中泄密，作为一个有着大量境外咨询业务的公司，凯盛融英还打着"保护客户隐私行规"的旗号，从不让专家清楚掌握咨询方的真实身份。

在凯盛融英工作人员的劝说下，韩某某越来越大胆。几年时间里，韩某某共在凯盛融英接受咨询百余次，其中境外咨询超过60%。其间，韩某某为了在凯盛融英公司获取更多的咨询费用，还多次到单位内网下载涉密资料。

【株洲市国家安全局干警】他通过公司的内网下载窃取了近5000份文件资料。经国家保密部门鉴定，韩某某为境外窃取、非法提供机密级国家秘密1份、秘密级国家秘密2份、情报13份、商业秘密18份。

作为国内咨询行业的龙头企业，凯盛融英的日常运行中配有法务部门。按照公司对外声称的工作流程，客户在提出咨询时首先向公司提交咨询内容的提纲，然后由法务部门把关所咨询的内容是否敏感合规，对于敏感问题直接回绝，不敏感的问题则交到工作人员手中，工作人员根据问题在专家库里搜寻专家，所选专家得到客户认可后，双方即可进行咨询。那么在实际工作中，法务部门是否起到了该有的作用呢？

凯盛融英虽然拥有合规团队和风险专员，但在实际咨询中，把关却流于形式。

【上海市国家安全局干警】凯盛融英公司对维护国家安全责任义务、防范安全风险，没有相关管理要求和合规审核，对境外客户提出的具体项目是否可能敏感涉密，甚至存在搜集情报的嫌疑，全由员工个人判断把握，公司法务和高管也不会主动过问和监管。实际上是无人关心，只追求经济利益。

在逐利的过程中，对于部分工作单位要求不宜接受咨询的专家，凯盛融英公司还让他们起"化名"接受咨询，使用其他人员的银行账户接受报酬。凯盛融英把经济利益凌驾于维护国家安全责任之上显而易见，但公司的相关工作人员坚称对于境外公司的咨询，他们有着明确不做的项目。实际上，在凯盛融英的专家库里，仅涉及国防军工领域的专家就有上千名，在境外咨询中，公司对这些专家并没有做任何规避。

雷某某，曾在我国某重点军工企业工作，因向境外泄露军事军工领域敏感信息，涉嫌为境外非法提供国家秘密罪。雷某某曾在某高校与某重点军工企业合办的博士后站工作。2020年3月，雷某某在博士后站出站，他在网上投写的简历中，对自己重点军工企业的工作经历进行了详细的描述，这让他成功进入凯盛融英公司的视野，并成为这里的咨询专家。

成为凯盛融英的咨询专家后，雷某某陆续接了几次咨询。2020年7月的这一次，有些异常。一直以来，凯盛融英公司为了从法律上逃避监管义务，标榜只为客户引荐专家，不参与客户与专家的具体咨询过程。但按照以往的操作，客户的咨询必须在凯盛融英的电话平台上进行，而在这次咨询前，雷某某被凯盛融英公司告知，应客户的要求，这次咨询会更换使用其他的电话会议平台，而且凯盛融英的人全程不会参与。公司的反常行为并没有让雷某某警觉，但客户抛出的问题至今让他印象深刻。

【雷某某】问了一个军机型号的保有量。

对于这样的敏感问题，雷某某没有回避，而是心存侥幸、极力卖弄，最终向对方透露了大量敏感信息。

经国家保密部门鉴定，雷某某共向对方提供3项机密级国家秘密和3条秘密级国家秘密。据国家安全机关调查掌握，凯盛融英公司大量接受境外公司对我敏感行业的咨询项目，其中一些企业与外国政府、军方、情报机关关系密切。仅2017年到2020年，凯盛融英就接受上百家境外公司汇款2000多次，金额高达7000多万美元。近期，国家安全机关已经对涉事企业依法依规进行处理，对其中涉嫌违法犯罪的人员，将一查到底，追查其法律责任。

国家安全是民族复兴的根基，事关国家根本利益和人民福祉。一些咨询企业为占领市场、牟取利益，无视国家安全风险，精心物色挑选、利诱诱骗重点领域敏感行业专家学者提供内部涉密情况，对我国产业发展和经济安全造成重大危害，最终沦为境外刺探、收买、套取国家秘密和情报的帮凶。国家支持咨询行业发展壮大，鼓励咨询行业开展国际贸易。希望咨询企业开展业务时，严格落实审核把关责任；专家学者接受咨询时，切实履行安全保密义务；相关单位对内部人员接受咨询加强监督管理，共同维护国家安全和发展利益，以新安全格局保障新发展格局。

（2023 年 5 月 8 日中央电视台《焦点访谈》）

例稿3.16

筑大船梦 探新航迹（节选）

一艘名叫"爱达·魔都号"的巨轮，是我国自主建造的首艘大型邮轮，它于 7 月 24 日完成了首次海上试航，停靠在上海外高桥码头，预计今年三季度还将开展第二次试航。大型邮轮的建造是一个国家装备建造能力和综合科技水平的集中展现。今天，我们先跟着这艘巨轮，去感受一下我国船舶工业最新的脉动。

7 月 17 日清晨 7 时许，随着一声悠长的汽笛声，由中国船舶集团旗下的上海外高桥造船有限公司建造的中国首艘大型邮轮"爱达·魔都号"，缓缓驶出外高桥造船 4 号码头，开启了首次出海试航。

8 天 7 夜的航行中，这个足有 24 层楼高，总吨位达 13.55 万吨的庞然大物，相继完成了涉及船舶性能的关键系统与设备的试验，同时对振动噪声、安全返港这两项贯穿邮轮设计建造全生命周期的关键技术，进行了区域性的测试验证。试验项目均满足设计规范要求，获得船东船检认可。

作为超大型单体机电产品，国产大型邮轮全船安装的零件数量超过了 2500 万个，是 C919 大飞机的 5 倍、"复兴号"高铁的 13 倍，建造难度极高。自 2019 年 10 月正式开工点火，到圆满完成第一次海上试航所有试验项目，标志着我国制造的首艘大型邮轮实现了"从蓝图到蓝海、从上海到海上"的里程碑跨越，也标志着中国船舶工业即将填补大型邮轮设计建造领域的空白。

不只是大型邮轮，近年来，我国造船业在高技术船舶研发和建造方面持续取得新突破。全球最大的 2.4 万标箱超大型集装箱船成功交付，全球首艘 10 万吨级智慧渔业大型养殖工船、全球首艘第四代自升式风电安装船完成建造。去年，我国液化天然气运输船订单达 55 艘，占全球市场份额从 2021 年的 12% 跃升至 2022 年的超过 30%，创下历史新高。

数据显示，今年上半年，中国造船业完工量 2113.1 万载重吨，同比增长 14.2%；新接订单量 3766.9 万载重吨，同比增长 67.7%；手持订单量 12, 377 万载重吨，同比增长 20.5%。不仅造船业三大指标继续全球领跑，今年上半年，中国新接订单量更是占国际市场份额的 72.6%。

自 20 世纪中期开始，全球船舶制造市场逐渐从欧洲向亚洲转移，进入 21 世纪，中国造船业快速崛起。2010年，中国成为全球船舶制造第一大国。自此，不仅造船订单总量多年维持第一，主要产品类型也逐渐丰富。目前18种主要船型中，中国共有12种船型新接订单位列世界第一。

造船业彰显着一个国家的综合工业实力，尽管中国已经于2010年成为世界造船第一大国，不过与此同时，当时主要的高端技术、高附加值船舶制造却仍然为日本和韩国所掌控。低端产能过剩、高端产能不足成为中国船舶工业面临的一个主要困境。

造船业属于高端装备制造业，在建设海洋强国中扮演着不可或缺的角色。2013年8月，习近平总书记在考察大连船舶重工时强调，加快培育海洋工程制造业这一战略性新兴产业，不断提高海洋开发能力，使海洋经济成为新的增长点。党的十八大作出"建设海洋强国"的战略部署，党的十九大报告和党的二十大报告进一步明确部署"加快建设海洋强国"。海洋强国建设离不开造船业的高质量发展，如何实现造船产品从常规船型向高技术、高附加值船型转型升级，是我国从造船大国向造船强国进军的必由之路。

由我国历史最悠久的造船企业江南造船建造的中国江南型巴拿马散货船，是中国第一个在国际租船市场上挂牌交易的国际著名品牌。2012年，散货船市场火爆，已经实现批量化生产的江南造船发展前景良好，但是江南造船却在这时候作出了一个令人意外的决定：暂停承接散货船新订单，优先把精力放在研究建造高附加值船舶上。这背后有着怎样的战略考虑？转型又将从哪里开始着手呢？

尽管散货船能带来稳定的收益，但从长远来看，高技术、高附加值船舶拥有更大的利润空间，成为世界一流的造船企业，必须向着中高端转型。液化气船是江南造船产品转型的抓手之一，公司提出要"重返气体船市场"。靠着多年来在技术积累方面的优势和敢为人先的精神传承，江南造船获得了国际船东的信任。

通过自主创新转型升级，向中高端市场迈进，成为过去10年来，国内不少造船企业的共同选择，就在江南造船大力开拓大型液化气船领域之时，大连造船也根据国际船舶领域对环保提出的新要求，向着绿色化和高附加值船舶制造转型。一艘它们刚刚交付的新巴拿马型最大型16,000箱集装箱船，不仅身型庞大，可运载16,520个标准集装箱，还是一艘从设计到营运到拆船等各阶段均满足节能环保的全生命周期绿色船舶。多个高端和绿色船型的订单已经排到了2027年。

值得注意的是，一系列高端新船型结构性的变化，也带来了机械、冶金、电子等相关产业链的能力提升。大型集装箱船止裂板全部实现国产化，化学品船双相不锈钢国产化率由不足50%提高至90%以上。此外，数字化制造、智能化装备广泛应用，也改变着我国造船业的面貌。

在江南造船厂的数字造船实验室，戴上AR眼睛就能完整性检验现场应用。由于传统2D图纸比较复杂，在船舶建造中可能会出现管线干扰，需要返工修改。这种不必要的返工，在船舶建造周期中占比通常超过 10%。采用了 3D 建模设计后，船东与施工人员可以更直观理解图纸，完成设计和建造。除此之外，密集的机械手利落地在生产流水线上完成焊接、组装等多道工序。当智能制造遇到船舶工业，大块头也充满了大智慧。

多年来，从跟跑到领跑，从仿制引进到自主创新，从最初的散货船到如今的大型邮轮，从曾经的"一穷二白"到跃升为世界第一造船大国，中国船舶工业不仅实现了众多"中国第一"的突破，而且还创造了诸多"世界第一"。如今，中国已经成为具有世界影响力的造船大国，年造船产量占世界市场份额超过 40%，行业全年收入超过 5000 亿元。订单接连不断，交付捷报频传，背后是中国船舶工业突出的创新能力和过硬的技术实力。在探索星辰大海的征途中，中国船舶工业正以奋进姿态不断书写建设海洋强国的新时代答卷。

（2023 年 8 月 13 日 中央电视台《焦点访谈》）

3.风貌通讯

例稿3.17

下姜村：好山好水好生活

绿水青山就是金山银山。浙江淳安县的下姜村是千岛湖库区深处的一个偏远小山村，山高路远、人多地少，是远近闻名的贫困村。经过多年努力，如今这里山水环绕、空气清新，村民靠着好山好水越来越富裕。今天（7月8日）的《奋斗百年路 启航新征程·小康梦圆》系列报道，我们跟随记者一起走进下姜村，看一看村民现在的小康生活。

雨后的下姜村云雾缭绕，民宿错落有致，随处能听到虫鸣和鸟叫。村文化礼堂里，村民们正在学习智慧民宿管理。跟着年轻人一起听讲的这位老者是 74 岁的姜德明，这几年老两口把自家小楼也改成了民宿，生活快乐无忧。

乡村美丽、生活智慧。老姜说，现在跟过去的日子比起来变化真是翻天覆地。过去，村里人多地少，几乎家家养猪，虽然解决了吃饭问题，但村里的环境却越来越差，100 多个露天厕所、130 多个猪圈，别说游客，村民自己都嫌弃，半数村民选择外出打工。2003 年，时任浙江省委书记的习近平同志来到这个穷山村走访调研。

也就在那一年，浙江省启动了"千村示范、万村整治"工程，首先整治村庄环境。下姜村开始改水、改路、改厕，建起了第一个沼气池。有了沼气池，村民生火点灯不用砍柴，山渐渐绿了；有了沼气池，村里的粪便污水有了输出管道，水渐渐清了，村民靠着绿水青山吃起了"生态饭"。过去的"土墙房，烧木炭，半年粮，有女莫嫁下姜郎"的说法，如今已变成了"农家乐，民宿忙，瓜果香，游客如织来下姜"。

2017年，党的十九大提出了乡村振兴战略。借着千岛湖全域旅游快速发展的东风，下姜村组织村民开餐厅、建民宿、搞农事体验游，培育了10多种业态，去年接待游客近77万人次，旅游收入4000多万元，人均可支配收入超过了4万元。老姜开民宿、土地流转费加上养老保险金，一年能有五六万元的收入。

今年，浙江被赋予了高质量发展建设共同富裕示范区的新使命，淳安县也以下姜村为核心，让周边24个村子共同组成了"大下姜"乡村振兴联合体，资源共享、产业共兴、品牌共塑，从一村"绿富美"到村村"绿富美"。目前，"大下姜"范围内万元以下低收入农户已全面清零。

（2021年7月8日中央电视台《新闻联播》）

例稿3.18

<h2 align="center">"千万工程"让万千乡村蝶变（节选）</h2>

这里是浙江杭州萧山区梅林村。2002年冬，时任浙江省委书记的习近平同志在这里考察调研时提出，要"建设一批在全省乃至全国都叫得响的小康示范村镇"。半年后，2003年6月5日，在习近平同志亲自谋划、亲自部署、亲自推动下，一项名为"千村示范、万村整治"的工程拉开帷幕。党的十八大以来，习近平总书记先后多次对"千万工程"作出重要指示批示，特别强调"要深入总结经验，指导督促各地朝着既定目标，持续发力，久久为功，不断谱写美丽中国建设的新篇章"。20年来，"千万工程"不断迭代升级，它的内在动力是什么？带给我们什么样的经验和启示？在今天又具有怎样的时代意义呢？

20年，"千万工程"不断升级拓展，更迭生长。2003年到2010年，第一阶段"千村示范、万村整治"从人居环境整治入手，环境变革触发了生态变革。2011年开始第二阶段"千村精品、万村美丽"，美丽乡村的建设带来了产业、文化和城乡重构的变革。2021年"千万工程"进入第三阶段。"千村未来、万村共富"堪称中国式现代化在"三农"领域的"先声"。

早在"千万工程"启动之时，时任浙江省委书记的习近平同志就反复强调"千万工程"中农民的主体作用，"为了人民、依靠人民"正是这项工程迭代升级20年的动力之源。

村庄美了，剩下的就交给时间，它会依山就势、因水随形，自然生长成该有的样子。"千万工程"20年实践中蕴含着习近平总书记在浙江工作期间一系列科学思维和方法，其中之一就是找到村庄的差异化发展之路，各美其美。但什么才是最适合的？农民们自己知道。

东阳寀卢村，方圆 3 平方公里，有 1200 亩标准农田。一年两季水稻，每亩都是"吨粮田"。农业是寀卢村的特色产业。

寀卢村有 700 多年的历史。"两江夹一村"的地貌让寀卢人世世代代都在跟水患争田地。解决水患和灌溉问题过程中，他们也改溪造田，开垦出 1000 多亩旱涝保收的农田。种水稻的传统保留至今。

怎么让大家种地也能致富，寀卢村走了一条自己的路：土地集中流转给大户经营，村集体发展二产壮大集体经济，反哺一产增加农民收入。2022 年，寀卢村人均可支配收入增长到 8.2 万元，村集体经营收入超过 400 万元。

在浙江，数万个村庄呈现着不同的乡土风貌和精神气象，有因兰花产业而富足的绍兴棠棣村、因村民的艺术创作而远近闻名的宁波葛家村，也有凭借非遗技艺传承焕发出新活力的东阳三单村。立足各村的具体情况，形成了"一村一策""一村一品""一村一韵"。贯穿"千万工程"始终的因地制宜、分类施策的科学方法，让万千乡村找到了各美其美、美美与共的最优解。

2022 年，浙江全省村级集体经济总资产达到 8800 亿元，占全国的十分之一。城市和乡村的关系，也正跟随着"千万工程"20 年不断迭代升级的实践，发生着深刻的变化。

有着 500 多年历史的李祖村，曾有个"水牛角村"的绰号，意思是没有希望的村庄。它和义乌市区虽然直线距离不超过 15 分钟，但"千万工程"开展之前，这里没有一条出村的路，要从邻村绕路出去。村口的小水塘见证了一代代青年人的离开。

李祖这样的城郊村在义乌曾有很多，被叫作"不起眼的村子"。如果没有"千万工程"，这样的村庄或许会在变迁中慢慢消亡。在"千万工程"第一阶段的乡村整治中，李祖村古朴的气韵渐渐呈现在人们眼前。

在"千万工程"建设美丽乡村的第二阶段，义乌整合了国企投资的力量，打造周边 10 条美丽乡村精品线，李祖村恰好在德胜古韵的精品线上。社会力量带来了资源，也带来更多发展的可能。

金靖就是在那个时候被吸引来的。在交通便利和浓厚的人文环境下，她的运营团队迅速为李祖招引了 200 多名各具特色的农创客。这些在网上小有名气的农创客们，为李祖村带来了久违的人气。

李祖和义乌的关系恰恰代表着"千万工程"的小切口带来的城乡关系的大变革。今天的李祖村给义乌增添了别样的"慢生活"。它不再是负担，而是义乌人的后花园，是义乌人精神的栖息地。

【浙江省农业农村厅党组副书记、副厅长蒋伟峰】"千万工程"怎么去认识它，它实际上是解决"三农"问题的一把钥匙，或者说它是一个突破口，它是一个总抓手，它是一个系统工程，它是一项龙头工程。总书记当时说过一句话，我是印象最深刻的，就是说"千万工程"的点定到哪里，我们各项配套服务就要跟进到哪里。它可以把方方面面的力量集聚起来，打在一个点上，而且这个点打了20年，所以它发生的变化就是翻天覆地的。

在"千万工程"20年的实践中，蕴含着习近平总书记许多重要思想：人民至上的根本立场、系统推进的科学方法、绿水青山就是金山银山的发展理念，还有久久为功的战略定力，等等。正是这些思想在实践中一步步扎实落地，才有了浙江万千乡村真正的美丽嬗变。

"千万工程"所点化的这场山河重整还远远未结束。"未来乡村"的模样可以尽情想象：是数字时代中科技赋能的样子，是中华文化中和美乡村的样子，更是复兴梦想中共同富裕的样子。

20年来，浙江持之以恒实施"千万工程"，探索出一条加强农村人居环境整治、全面推进乡村振兴、建设美丽中国的科学路径，同时也为营造和谐宜居的人类家园贡献了中国方案。习近平总书记指出，要以"千万工程"为载体，全面推进乡村振兴，加快农业农村现代化，推动城乡融合发展，最终为中国式现代化奠定坚实的基础。这也正是这项伟大工程在今天中国的时代意义。

（2023 年 6 月 26 日中央电视台《焦点访谈》）

例稿3.19

祖国宝岛——台湾（节选）

你见过什么样的中国？是 960 万平方公里的辽阔，还是 300 万平方公里的澎湃，是四季轮转的天地，还是冰与火演奏的乐章？像鸟儿一样，离开地面，冲上云霄，结果超乎你的想象。前往平时无法到达的地方，看见专属于高空的奇观，俯瞰这片朝夕相处的大地，再熟悉的景象也变了一副模样，从身边的世界到远方的家园，从自然地理，到人文历史，50 分钟的空中旅程，前所未有的极致体验，从现在开始，和我们一起，天际遨游。

台湾岛是中国第一大岛，它带着周边众多岛屿，分布在中国东南沿海的大陆架上。它的东部是辽阔的太平洋，西部隔着一条浅浅的海峡与福建相望。

这趟旅行我们将飞越台湾海峡，探索一片传唱已久的群岛，沿着仙人的足迹，参加一场延续 300 多年的古老祭奠。

海峡，是两个水域之间的通道，台湾海峡连接了中国两个温暖的海域，东海和南海。这一片海峡北窄南宽，北部宽度大约 200 公里，南部宽度则将近翻了一倍，因此从南部飞越海峡的时间，总比人们想象中要慢一点。大约一个多小时，一片平铺在海面的群岛，就出现在眼前。

15,000 年前，台湾海峡还没有被海水淹没，它就像现在露出水面的这片浅滩，连接着大陆与东南沿海的岛屿。接连不断的火山喷发与地壳运动，造就了这些小岛。

澎湖列岛由 64 个岛屿组成，其中 19 个有人居住。最早定居于此的福建人用闽南语叫它平湖。慢慢地，这里才有了人们熟悉的名字澎湖湾。狭长的岛屿是海上最温柔的臂弯。在它的外侧，海浪波涛汹涌，湾内却水平如镜。身处西太平洋航道，从大航海时代起，这里就是过路船只安全可靠的港湾。"没有椰林缀斜阳，只是一片海蓝蓝"，一首传唱半个世纪的校园民谣，让从未来过这里的人，也能轻易描述出澎湖湾的样子。

水中的爱心项链，是当地渔民为捕鱼做的特殊设计。从前，人们就地取材，用火山岩块筑起石墙，根据潮水涨退的方向设计开口，把鱼群留在石墙之内。现在，这里成了特色旅游景点，留住了鱼群，也留住了游客，让一切，陷入此地的浪漫当中。

澎湖列岛往东 40 多公里，就是中国第一大岛台湾岛。在这个古航道，人们常常能偶遇几艘古代战船。每年春夏时节，当地人会穿上古代将士的盔甲，举起五彩大旗，盛装游行。这些传统的活动是为了纪念郑成功。300 多年前，他在这里登陆，率领 25,000 名将士驱逐荷兰殖民者，收复台湾。赤崁楼，原本是荷兰殖民统治时期的建筑，郑成功收复台湾后，经过几代人的修缮，这座建筑有了中国传统的红瓦飞檐，现在已经是地道的中国长相。它骄傲地立在自己国家的土地上，让人们铭记郑成功在给荷兰的劝降书中写的那句话：台湾者，中国之土地也。

这里是郑成功收复台湾后，建成的第一座孔庙。从那时起，仁、礼、孝、悌的儒学思想也跟随先民来到这里。每年春秋两季，从学龄儿童到花甲老人，都会来这里参加祭祀大典，共同缅怀两千余年来，中华民族的"至圣先师"孔子。有了老师，这里就自然而然成了岛上第一座高等学府。从那时起，系统的教育体系开始遍布整个台湾。

海峡两岸不但尊崇共同的老师，还流行着共同的传统。在屏东县，这艘耗时 3 年的大船即将完工，所有人都会放下工作前来送行。据说，把这艘船送往海边燃烧，就能赶走灾厄，带来好运。虽说材料是竹木和纸扎，但比照真船大小制作的王船，往往超过两层楼高，重达数千斤。好在人多力量大，上万人的送行队伍，让原本艰难的陆上行舟，变成了热闹又隆重的盛会。

烧王船的传统持续了超过 300 年，这原本是福建沿海人从家乡带来的风俗，现在成了各地背井离乡的人疏解乡愁的方式。王船抵达海岸，被人们共同点燃，熊熊大火照亮了夜空，照亮波澜不惊的海峡。每个人都在祈愿，灾厄消散，喜乐、平安。

　　这是一座不断变化的岛屿，跟随一棵植物向高处发起挑战，纵身入海，和海豚一起回忆与岛屿相遇的样子，看自然的力量不断重塑大地，最后前往火山群，寻找它曾经热烈的痕迹。

　　中央山脉，主峰海拔 3825 米。它是纵贯台湾岛最长的一条山脉，也因此成为了全岛各水系的分水岭，将全岛分成东小、西大的两侧。中央山脉的高处，经常有极美的秘境风景。玉山圆柏在低处原本长得丰润高大，但它们偏要向高处发起挑战，3500 米还不够，再向上，躯干随风扭转，收紧水分，高海拔的烈日、大风、低温，雕塑出它们非凡的形态。为了生存，植物的耐力超乎想象。其实，玉山圆柏是远道而来的物种。在台湾岛与大陆还有陆地相连的时候，种子便翻山越岭来到这里扎了根。后来，海水淹没来时的陆地，这里成了岛屿，大陆成了每日眺望的故乡。

　　台湾东侧水域，来自赤道的洋流终年将温暖一路传递，慕名而来的人们向着海洋深处前进。因为有超过 27 种鲸豚类动物在此度假，如果足够幸运，就能遇见它们。可惜这次运气不佳，鲸鱼没来。不过，热情的海豚每次都不会让人失望。

　　早在海豚出现以前，这面断崖就已经出现，最陡处近乎 90 度，直插在太平洋的岸边。它曾经是深海中的岩石，为了这一刻的模样，它早早做好了准备。靠着两亿五千万年前的地壳运动，它初现雏形，并最终破海而出。

　　断崖曾拦住往来的通行者，直到 140 多年前，在此驻防的福建省陆路提督，与福建台湾道，带领民众共同在绝壁间开凿出了路。此后，沿海公路才一条条建起，经过不断修缮、重建，甚至改名，今天，它已经成为台湾公认的"最美沿海公路"。

　　在高空，地球活动的痕迹清晰可见。台湾岛，地处全球地震活动最频繁的环太平洋地震带，不可抗拒的力量时刻影响着这座岛屿。地震造成山体错位，溪水沿着裂缝开辟了新的轨迹。在阿里山海拔 1815 米处，汇聚成一处年轻的湖泊。被水淹没的林木逐渐枯萎，和湖水的组合，意外成了令人神往的秘境。

　　阿里山蕴藏着丰富的森林资源，但现在我们能够看到的林木，大多不超过 70 岁。日本殖民时期，阿里山整片原始森林被砍伐殆尽。直到 1945 年，台湾及其附属岛屿及澎湖列岛重回祖国的怀抱，持续 30 年的伐木毁林才终于停了下来。现在，人们每年都会适时补种林木，期待森林再度回归。水流、地震、风雨、海浪以及人类活动，都在不断微调着岛屿的面貌。但这片岛屿最具想象力的造型师，是这 20 多座火山。缝隙中冒出的硫黄蒸汽，让人依旧能够想象，它曾经澎湃的创造力。随着一场惊天动地的火山喷发，大地持续沸腾了

200多万年。如今，依旧有些火山蛰伏于深海，等待世界重新记起自己。

陆地上的火山没有这样的野心，它们变得平易近人，甚至可以近距离接触。这些巨型蘑菇的上端，是2000万年前的海底生命。它们死后的钙化结核，甚至比下面的岩石更加坚硬。海风与浪花让它们不断变换造型，甚至造出了人的模样。

这趟旅行与一辆老火车擦肩而过，前往一片名副其实的黄金海岸，在团圆之夜，加入粲然的灯火盛会。沿着东部海岸线飞行，迎面遇见一列行动缓慢的老火车。这一天，它正应邀前往花莲铁道文化园，成为大厅里的展示品。

台湾岛上很早就有了铁路，1887年到1891年，清朝派往台湾省的首任巡抚刘铭传，以台北为中心，在基隆和新竹之间，修建了台湾第一条铁路。这条铁路，正是纵贯线北段的前身。

19世纪末，就在人们修筑纵贯路铁桥时，有工人在河道中发现了沙金。人们沿着沙金的踪迹，找到了金脉的所在地。随后，淘金者蜂拥而至，这里也一度变得热闹繁荣起来。

矿山与海岸线之间有许多这样的小镇，最初是淘金者所建的。随着淘金时代的过去，小镇渐渐变得安静下来，旅游则成了这里新的金矿。淘金最火热的年代，因为人多，镇上的街道一度拥堵不堪。于是，居民们打通了房与房之间的通道，让每条街巷都能相通。从高空俯瞰，小镇复杂得堪比迷宫。当所有的灯光点亮，人们总会回到记忆中的那座金山。

夜晚的灯光，在高雄带有更多记忆的味道。台湾岛上，比春节更令人期待的是元宵节。团圆饭、吃汤圆、猜灯谜、赏花灯，一个不落才够圆满。每一年的这一天，海峡两岸阖家团聚，共享佳节；每一年的这一刻，海上生明月，天涯共此时。

细雨中，漫步台北街头，重游这座城市的诞生地，在老榕树下听见乡音，最后，一起去看看台北最高的建筑。

不远处，就是台湾岛人口最稠密的地区台北。它被群山环绕，东来西往的季风带着水汽翻山而来，不紧不慢，恰巧落入盆地当中，所以，台北一年中至少有一半天数会下雨。绵长多雨的气候，并没有让这里的人感到不适，反而为他们找到了独特的生活节奏。喝杯咖啡、吃份鱼丸，每条街都有100种以上悠哉的避雨方式。但说到下雨天，还有什么比一杯珍珠奶茶更让人觉得暖和？再来一份天津葱抓饼，那才是绝配，记得要加双蛋。

这座寺庙的历史比台北还早了100多年。古时候，寺庙背后的港口是水上的运输要道，贸易兴盛，很多海峡对岸的福建人，也来到了这里定居。人们各自带着家乡的神像来到这里，不同的造像，就都被安排在了同一座寺庙，济济一堂，一团和气。随人们一同来到岛上的，还有传不完的风俗习惯、吃不腻的家乡饭、忘不掉的家乡话。

龙山寺附近这条仅 3 米宽的街道，藏着城市成长的记忆。不同时期建筑的墙面，藏着老街一个世纪的变迁。从闽粤式建筑的红砖，到巴洛克的立体浮雕，再到白墙水泥慢慢被雨水晕染，老街的一草一木记录着日子的变化，也记录着最早来到这里的人，如何以老街为起点，一代代开拓出今天的台北。

寸土寸金的台北市中心，有这样一片水泥平房，今天这里已经无人居住，绿色藤蔓爬满了房前屋后，没有了往日的喧嚣和热闹。1948 年 11 月底，山东青岛，联勤第四十四兵工厂的员工带着家属匆匆而来，本以为临时暂居，不料就这样住了下来。最多时，全岛遍布 879 座这样的眷村，大小各异，人数众多，住着临时搭建的拥挤棚屋，操着中国大江南北的口音，延续着五湖四海的生活。但无一例外，每村都有一株这样的大榕树。平日里，人们在树下遮阳挡雨，家长里短，互通着海峡那边老家的消息。就这样，一过就是 40 年。直到 1988 年，眷村人才第一次回到大陆返乡探亲。现在，榕树下思乡的人，不但可以随时回家看看，两岸之间，往来旅游、求学、做生意的人也越来越多，海峡之间的血脉连接永不分割。

在中国大陆，就连 8 岁的小学生都知道日月潭。因为小学二年级的语文课本，就收录了《日月潭》。课文里，日潭和月潭一北一南，像极了太阳和弯弯的月亮。的确，过去水位低，日月分明。后来，人们为了满足逐渐增大的用水需求，引入浊水溪的水，日月潭的水域面积扩大了 70%，成了现在类似枫叶的形状。但这不影响慕名前往的旅客，来到这里，寻找儿时那片童话中的仙境。

在日月潭不远处，浊水溪带着众多河流一起，冲积出大片富饶的土地。人们得以在这里种出享誉世界的稻米。嘉南平原的水稻，是一年三作的高效模式，能追上这个速度的，也只有收稻机。收获的季节，总有些小家伙跟在它身后，坐享其成。

溪水带来的泥沙，铺成了沃野良田。但多余的泥沙对港口来说，则会阻碍船只往来。为了防沙，台中港建起 2800 多米长的沙堤。沙子无意间的累积，成就了眼前的迷你湿地。就这样，人们的生活和这些鸟类各取所需、互不干扰。

这趟旅行，我们将沿着海洋与陆地的边缘，探访一座预测晴雨的小岛，跟随妈祖环岛巡游，在旅程的最后，探访几座不远处的岛屿。

火山与海洋，在海岸山脉较量了 2000 万年。熔岩层层叠加，在海水侵蚀、冲刷下，凝固成巨型阶梯，拾级而上，每跨一步都需要数十万年。岩石本身并没有生命，但高山溪水夹带着泥沙，日复一日在海阶之上，开辟出狭长的平原。于是海陆夹缝里，人们盖房子、造梯田、通道路，山海之间就有了人家。在这里耕种，不一定面朝黄土，却免不了面朝大海。因为比起电视台的天气预报，人们更相信海上这只大乌龟。

龟山岛，距离台湾岛东岸大约 10 公里，是一座年轻的活火山。每当大雨将至，大气充足的水分因为温差效应，会在山顶形成一顶云做的帽子。看到这顶帽子，人们就知道雨什么时候会来。龟山岛并非只有务实的一面，浪漫的本领它也很在行。岛屿附近的海底会不断喷出硫黄气体，将海水变化成界限分明的"牛奶海"，为人们增添了层出不穷的玩海乐趣。

告别海洋奇迹，海陆的边沿，一场空前盛大的巡游即将开始。哪路神仙出门会引来几百万人欢送？200 多年来，每年农历三月，妈祖巡游时，大甲镇澜宫都被人群挤满。与此同时，海峡对岸的福建沿海，也在举办同样盛大的妈祖祭奠活动。现在，海峡两岸还会通过网络直播连线，在云端共祝这位超过 1000 岁的中国海神，生日快乐。巡游的车辆，被用心装点成中国传统飞檐的模样。九天八夜，绵延数公里长的队伍，将持续绕岛祈福，祝福人们风调雨顺，家和万事兴。

在台湾岛的最南端，海洋退让出一片珊瑚礁石，满足人们对浪漫的一切想象。鹅銮鼻灯塔，矗立在这片珊瑚礁石之上，已经超过 140 年时光。每当夜幕低垂，鹅銮鼻灯塔发出全岛最亮的光芒，让远行的航船走得再远，也能找到回家的路。

台湾岛的四周散落着许多岛屿，兰屿是距离较远的一座，但人们依然愿意花时间前往这里，寻找梦里才会出现的纯净海岛。成片的黑色屋顶，是为抵挡海风侵袭，设计出的半地下住宅；两头翘起的拼板舟，是特制的捕鱼船只。生活在这里的人，与海相伴了上千年时光。日子久了，他们的生活也成了岛上独有的风景。夜幕降临，海滩送出一场奇观。这是海洋微生物夜光藻互相撞击之后产生的奇妙景象，海岸线变身为浩瀚的银河，让我们的旅程借着这星光穿过黑夜，前往本次旅行的终点金门岛。

从高空看去，金门岛孤悬海上，它距离大陆不到 10 公里，而离台湾岛超过了 200 公里。离大陆近，成了金门岛得天独厚的优势。过去这里缺水，严重影响了居民们的基本生活。人们一直在寻找机会，从大陆引来充沛的水源。终于，在 2018 年，一条海底管道从福建晋江的海岸边，横跨海峡，直接向金门供水，彻底解决了岛上 10 万多居民的饮水难题。同是一家人，共饮一江水，大陆和台湾的距离从来就是这么近，一样的红砖古厝、一样的闽南语、一样的文字、一样的祖先。金门岛虽小，但它的视野开阔，它可以久久凝视眼前的大陆，回眸看见浅浅的海峡，还时常远眺宝岛台湾。它的眼神里有光，因为举目皆是，同一个中国。

（《航拍中国》第四季　第十一集）

任务拓展

1.自选教材中的训练稿进行缩编并播音,策划、制作一期新闻专稿节目。

2.策划一期新闻专稿节目,可自选素材进行编辑,或自选题材采访、撰稿、播音。

评价方法

考核表

考核模块	考核内容	考核方式	考核点	分值
（一）知识与技能目标	（一）有稿播音 1.自备一档新闻节目,限时6分钟; 2.新闻节目素材为原创,采、编、播、制均独立完成。	新闻播音作品技能竞赛成果展示	（一）语音面貌 1.吐字清晰,音色圆润; 2.语音标准,语法规范。 （二）形象气质 3.形象端庄、大方,仪态仪表得体,符合职业规范。 （三）新闻播报 4.导向正确,基调准确; 5.语体运用恰当; 6.主题鲜明,叙事清晰,新鲜感强; 7.播报状态积极,对象感强,与受众交流亲切自如; 8.停连、重音、语气、节奏等表达技巧运用得当。 （四）新闻采编 9.策划精细,导向正确,主题鲜明; 10.信息量适中,符合时效性、贴近性,编排合理; 11.节目完整,声画结合,制作精良; 12.节目有一定创新性。	60
	（二）无稿表达 1.即兴答题:现场抽题,限时3分钟; 2.即兴评述:现场抽题看片,对某一新闻事件进行即兴评述,限时3分钟。		（五）即兴表达 13.节目导向正确,态度鲜明,有思想性; 14.语言规范,思路清晰,逻辑性强,符合新闻语体表达要求; 15.内容充实,言之有物; 16.表达流畅,交流感强; 17.反应敏捷,富有个性; 18.节目定位准确、完整,时长恰当。	20
（二）过程与方法目标	联系实际写一份《×××本学期个人学习、工作述职报告》(不少于1000字)(重点考查过程与方法能力)。	综合评价	1.能够获取、搜集、整理信息,甄选有价值的信息; 2.能够制订、实施工作计划; 3.能够分析、发现、解决问题; 4.具有理论知识的运用能力; 5.能够及时完成工作任务。	10
（三）情感、态度、价值观目标	在学习小组公开述职(重点考查情感、态度、价值观)。		1.有职业道德与社会责任感; 2.有较强的新闻敏感性,有一定的新闻工作者的人文关怀意识; 3.遵守工作纪律,自我约束力强,不迟到、早退、旷课; 4.语言沟通能力、组织协调能力强,能够与团队成员团结协作,共同完成工作任务; 5.能够实事求是地完成工作评价,给出合理分值。	10
	评分标准:优90—100分,良80—89分,及格60—79分 总分 = 自我评分(20%)+ 小组评分(30%)+ 教师评分(50%)			
改进建议				

课程考核评价方式

考核项目	考核内容	考核方法	权重(%)
终结考核	专业知识与技能	主要根据学生参加专业技能大赛成绩,通过学生自评、媒体专家、专业教师评价相结合的方式评定成绩。	30
	过程与方法	主要根据学生进行学期工作述职的成绩,通过学生自评、小组互评、教师评价相结合的方式评定成绩。	
	情感与态度		
过程考核	专业知识与技能	主要根据学习过程中随堂问答、课堂训练、学生采编播的实训作品情况,通过自评、小组互评、教师评价相结合的方式评定成绩。	70
	过程与方法	主要根据学生获取信息的能力、资料搜集整理的能力、制订与实施工作计划的能力、理论知识运用的能力、独立分析问题的能力评定成绩。	
	情感与态度	主要根据学生具备的责任心与职业道德、语言沟通、团队合作、组织协调能力评定成绩。	
成绩换算公式	过程考核平均成绩 ×70% + 终结考核成绩 ×30% = 课程考核总成绩		

补充说明:
1. 参加全国、省、市广播电视播音主持竞赛、选拔赛获奖者视奖项名次酌情给予3—5分考核加分;
2. 参加院级主持播音职业技能大赛获奖者视奖项名次酌情给予1—3分考核加分。

主要参考书目

1.张颂. 播音创作基础 [M]. 4版. 北京: 中国传媒大学出版社, 2022.

2.白龙. 播音员、主持人训练手册语言表达技巧 [M]. 北京: 北京广播学院出版社, 2002.

3.赵俐, 李昕. 实用口语表达与播音主持 [M]. 北京: 中国传媒大学出版社, 2009.

4.张颂. 中国播音学 [M]. 北京: 北京广播学院出版社, 2003.

5.张颂. 朗读学 [M]. 4版. 北京: 中国传媒大学出版社, 2021.

6.李新宇. 播音创作基础训练教程 [M]. 2版. 北京: 中国传媒大学出版社, 2016.

7.付程. 实用播音教程: 第二册　语言表达 [M]. 北京: 中国传媒大学出版社, 1999.

8.李凌. 黄林非. 高职院校主持与播音专业人才培养模式研究与实践 [M]. 长沙: 湖南科技出版社, 2016.